Schriften des deutschen Vereins

für

Armenpflege und Wohlthätigkeit.

Einundzwanzigstes Heft.

Armenpflege und Arbeiterversicherung. Prüfung der Frage, in welcher Weise die neuere sociale Gesetzgebung auf die Aufgaben der Armengesetzgebung und Armenpflege einwirkt.

Leipzig,
Verlag von Duncker & Humblot.
1895.

Armenpflege und Arbeiterversicherung.

Prüfung der Frage,

in welcher Weise

die neuere sociale Gesetzgebung auf die Aufgaben der Armengesetzgebung und Armenpflege

einwirkt.

Von

Dr. jur. Richard Freund,

Vorsitzendem der Invaliditäts= und Altersversicherungsanstalt Berlin.

Leipzig,

Verlag von Duncker & Humblot.

1895.

Der Deutsche Verein für Armenpflege und Wohlthätigkeit beschloß auf seiner zwölften Jahresversammlung in Hamburg in der Sitzung vom 25. September 1891, eine Kommission zur Prüfung der Frage einzusetzen: in welcher Weise die neuere sociale Gesetzgebung auf die Aufgaben der Armengesetzgebung und Armenpflege einwirkt.

Einem mir von dem Centralausschusse erteilten Auftrage gemäß habe ich den Antrag auf Einsetzung dieser Kommission schriftlich (vgl. Schriften des Vereins, Heft XIV S. 3 ff.) und mündlich (vgl. Schriften des Vereins, Heft XV S. 135 ff.) begründet. Als Mitglieder wurden in die Kommission gewählt die Herren: Präsident Freiherr v. Reitzenstein (Freiburg i. Br.), Beigeordneter Zimmermann (Köln), Stadtrat Röstel (Berlin), Amtshauptmann Dr. Rumpelt (Glauchau), Stadtrat Dr. Flesch (Frankfurt a. M.), Stadtrat Dr. Martius (Breslau) und ich. Durch Zuwahl traten ferner in die Kommission ein die Herren: Stadtsyndikus Eberty (Berlin, inzwischen verstorben), Regierungsrat Evert (Berlin), Direktor Gebhard (Lübeck), Landeshauptmann (jetzt Staatssekretär des Reichsschatzamts) Dr. Graf v. Posadowsky-Wehner (Posen), Amtmann Braun (Mainz), Landesrat (jetzt Landesdirektor) v. Graba (Kiel), Schatzrat v. Wersebe (Hannover), Magistratsrat Haindle (München), Bezirksamtmann Dr. Krieg (München), Landrichter Dr. Aschrott (Berlin), Geh. Rat Dr. Böhmert (Dresden), Dr. Münsterberg (Hamburg), Landrat Germershausen (Krotoschin), Oberbürgermeister Dr. Schlusser (Lahr), Regierungsrat Huzel (Stuttgart), Oberbürgermeister Liebetrau (Gotha), Stadtrat Jakstein (Potsdam), Landesrat Brandts (Düsseldorf), Stadtrat Fischer (Magdeburg). Die Kommission bestellte Herrn v. Reitzenstein zum Vorsitzenden und mich zum Referenten.

Am 15. März 1892 trat die Kommission zu ihrer ersten Sitzung in Berlin zusammen und faßte folgende Beschlüsse:

1. Die nächste Aufgabe der Kommission hat in der Beschaffung eines möglichst vollständigen und zuverlässigen statistischen Materials zu bestehen, welches geeignet ist, der weiteren Behandlung als Grundlage zu dienen. Das Material soll bezüglich der in Betracht kommenden materiellen und insbesondere örtlichen Verhältnisse mit den erforderlichen Erläuterungen versehen sein.

2. **Das Material** soll bestehen:
   a. in den Ergebnissen, wie sie im Bereich der **Armenverwaltung** festgestellt werden können;
   b. in solchen Mitteilungen der **Versicherungs-Verwaltungen**, welche zur Ergänzung und Kontrolle des in den Ergebnissen der Armenverwaltungen beruhenden Materials dienen.

3. Zum Behuf der **Beschaffung** des 2a gedachten Materials sollen zunächst die betreffenden Verwaltungen ersucht werden:
   a. die **Jahresergebnisse** der Armenverwaltung nach bestimmten Kategorien der Unterstützungsfälle — Krankenpflege, Unterstützungen in offener Armenpflege u. s. w. — festzustellen und mitzuteilen;
   b. unter Darlegung der für das Verfahren geltenden **Grundsätze** Zusammenstellungen derjenigen Fälle zu liefern, in denen die Armenpflege sei es **an Stelle**, sei es **neben** der Versicherung eingetreten ist.

4. Außerdem wird in Aussicht genommen:
   a. Für die **Zukunft** vollständige Anschreibungen der Jahresergebnisse durch die **Armenverwaltungen** nach einem denselben durch die Kommission vorzuschlagenden Schema herbeizuführen;
   b. die Gegenüberstellung des statistischen Materials nach einem genügend **specialisierten** Schema für **zwei** durch einen längeren Zeitraum getrennte Jahre (1885 und 1895) in möglichstem Anschluß an die Aufnahmen der Reichsstatistik herbeizuführen.

5. Die zu 3 bezeichneten Ermittelungen sollen sich auf Typen der verschiedenen Armenverwaltungen dergestalt erstrecken, daß in jeder Provinz bezw. jedem Staat in dem sonstigen Territorial-Abschnitt mindestens je für eine **größere Stadt**, eine **mittlere** oder **kleinere Stadt** und einige und zwar womöglich solche **Landgemeinden**, welche vermöge gemeinsamer oder gleichartiger Regelung ihrer Verwaltung einen Komplex bilden, Erhebungen veranlaßt werden. Außerdem sollen die **Landarmenverbände**, soweit sie nach Maßgabe der Abgrenzung ihres Aufgabenkreises einschlägige Erfahrungen zu machen in der Lage sind, um Mitteilung ihrer Verwaltungsergebnisse angegangen werden.

6. Mit der Entwerfung von Fragebogen für die Erlangung des zu 3 bezeichneten Materials, sowie einer Instruktion für die etwa zu erfordernden Erläuterungen wird eine **Subkommission** beauftragt. Dieselbe wird den betreffenden Entwurf bis zum 1. August cr. fertig stellen und dem Vorsitzenden der Kommission übersenden, welcher sie dann sämtlichen Mitgliedern der Hauptkommission behufs Bekanntmachung etwaiger Erinnerungen mitteilen wird. Die Beschlußfassung über diese Erinnerungen und die definitive Feststellung der Fragebogen und Instruktion wird in der nächsten Plenarsitzung der Kommission erfolgen. Ebenfalls bis zum 1. August cr. wird die Kommission Vorschläge über die auszuwählenden Typen aufstellen. Mit denselben wird der Vorsitzende in derselben Weise wie mit den vorerwähnten Entwürfen verfahren.

7. Die Subkommission ist ermächtigt, je für die verschiedenen Typen — ad 5 — bezw. der Landarmenverbände verschiedene Fragebogen aufzustellen, die jedoch in der Gruppierung sich thunlichst aneinander anschließen sollen.

8. Der Subkommission wird empfohlen, sich vor der Beschlußfassung über die aufzustellenden Entwürfe von der Anwendbarkeit derselben durch Einholung der Ansicht solcher Verwaltungen und Fachmänner, welche zur Beurteilung der Ausführbarkeit der beabsichtigten Ermittelungen besonders geeignet sind, zu vergewissern.

9. Ebenso wird dieselbe vor der Beschlußfassung über die Vorschläge betreffs der Typen die Ansicht der der betr. Provinz bezw. dem betr. Lande oder Landesteil angehörigen Kommissionsmitglieder, sowie, was die preußischen Provinzen anlangt, der Landesdirektoren erbitten.

10. Zu Mitgliedern der Subkommission werden sämtliche in Berlin wohnhafte Mitglieder der Hauptkommission, außerdem die Herren Dr. Graf v. Posadowski-Wehner und Dr. Rumpelt gewählt.

11. Die nächste Plenarsitzung der Kommission findet an dem der Eröffnung des nächsten Armenpflege-Kongresses, welcher Ende September in Görlitz abgehalten werden wird, voraufgehenden Tage statt.

12. Eine Vereinigung der Süddeutschland angehörigen Mitglieder zu einer besonderen Subkommission nach dem Antrage des Herrn Dr. Flesch erachtet die Kommission nicht für zweckentsprechend. Sie ist der Ansicht, daß, soweit das Bedürfnis eines Benehmens über einzelne Fragen sich geltend machen sollte, demselben im Wege der privaten Korrespondenz und der Besprechung ausreichend Rechnung getragen werden könne.

Die durch die vorstehenden Beschlüsse eingesetzte Subkommission, welche mich zu ihrem Vorsitzenden wählte, begann unverzüglich ihre Thätigkeit. In der ersten Sitzung wurde der Entwurf eines Anschreibens nebst Fragebogen für die demnächst von der Hauptkommission zu veranstaltende Enquete festgestellt. Der Entwurf ist demnächst an sämtliche statistische Ämter des Deutschen Reichs, an eine Reihe von Magistraten und Landräten, sowie an hervorragende Persönlichkeiten, welche sich mit der einschlägigen Frage beschäftigen, zur gutachtlichen Äußerung versandt worden. Auf Grund der sehr zahlreich eingegangenen Gutachten ist dann in der zweiten Sitzung der Entwurf einer Umarbeitung unterzogen worden. Die Subkommission hatte sich ferner an sämtliche Preußische Landesdirektoren, sowie bezüglich der übrigen deutschen Distrikte an die Vorsitzenden der Invaliditäts- und Altersversicherungsanstalten mit der Bitte gewendet, Vorschläge bezüglich der Auswahl von Armenverbänden (große, mittlere und kleinere Städte, Landgemeinden) zu machen, unter welchen die Enquete veranstaltet werden sollte. Auf Grund der eingegangenen Vorschläge stellte die Subkommission eine Liste der zu befragenden Armenverbände auf. Hiermit waren die Arbeiten der Subkommission beendet.

Die Hauptkommission trat nunmehr am 10. März 1893 zu einer zweiten

1*

Sitzung zusammen, in welcher ich über die Ergebnisse der Arbeiten der Subkommission, insbesondere auch über die oben erwähnten eingegangenen zahlreichen Gutachten Bericht erstattete. Hierauf wurde das zu erlassende Anschreiben nebst dem Fragebogen definitiv festgestellt und beschlossen, die Versendung an die von der Subkommission zusammengestellten Verbände, sowie an alle Gemeinden von mehr als 50 000 Einwohnern, endlich auch an alle diejenigen Gemeinden zu bewirken, welche sich freiwillig zur Vornahme der Untersuchungen melden werden. Bezüglich des für die Zukunft einzuschlagenden Verfahrens wurde beschlossen, die Armenverwaltungen zu ersuchen, die Anschreibungen über diejenigen Punkte, bezüglich deren von ihnen durch die zu veranstaltende Enquete Auskunft erbeten wird, auch für die Zukunft fortzusetzen, sowie die Reichsregierung um eine Wiederholung der Reichsarmenstatistik möglichst für das Jahr 1895 anzugehen.

An der Sitzung nahm auch der Decernent im Kaiserl. statistischen Bureau, Herr Regierungsrat Schumann teil.

Das definitiv festgestellte Anschreiben nebst Fragebogen lautet wie folgt:
„Der Deutsche Verein für Armenpflege und Wohlthätigkeit hat auf seiner am 25. September 1891 in Hamburg stattgehabten Jahresversammlung beschlossen, die Frage,
„in welcher Weise die neue sociale Gesetzgebung auf die Aufgaben der Armengesetzgebung und Armenpflege einwirkt",
durch eine Kommission einer Prüfung zu unterziehen.

Die Beantwortung dieser Frage ist nicht nur für die Allgemeinheit des deutschen Volks, sondern auch für jeden einzelnen Armenverband von höchster Bedeutung. Ist es doch für jeden Kommunalverband von größtem Interesse, zu prüfen und festzustellen, ob die neuen Arbeiterversicherungsgesetze (Kranken-, Unfall-, Invaliditäts- und Altersversicherungsgesetz) thatsächlich eine Entlastung ihres Armenbudgets, eine Verringerung der Armenpflege herbeigeführt haben, ob diese Entlastung eventuell durch eine größere Intensität der Armenpflege wieder aufgehoben worden ist, ob die erhofften Wirkungen und aus welchem Grunde dieselben nicht, oder doch nicht in vollem Maße, eingetreten sind.

Wir glauben uns daher der Hoffnung hingeben zu dürfen, daß die Kommunalverbände uns bei unseren, auf die Beantwortung der Frage hinzielenden Arbeiten wohlwollend und kräftig unterstützen und insbesondere uns dasjenige Material mitteilen werden, welches die Grundlage für diese Beantwortung bildet.

Demgemäß beehren wir uns, an die Armenverwaltung des dortigen geehrten Verbandes die ganz ergebenste Bitte zu richten, uns mit einer möglichst ausführlichen und eingehenden Äußerung (Gutachten)
über die nach ihrer Ansicht in ihrem Bezirke stattgehabte Einwirkung der Arbeiterversicherung auf die Thätigkeit der öffentlichen Armenpflege
sehr gefälligst versehen zu wollen.

Das für die Abgabe dieser Äußerung notwendige Material empfehlen wir dringend nach Maßgabe der gleichzeitig erfolgenden drei

Formulare[1] zu beschaffen und diese Formulare, auf deren möglichst sorgfältige Ausfüllung wir besonderes Gewicht legen, der Äußerung beizufügen. Die Formulare sind mit Anmerkungen versehen, welche die für die Ausfüllung erforderlichen Direktiven enthalten. Es kommt indes weniger darauf an, daß genau nach den in diesen Direktiven gegebenen Grundsätzen verfahren wird, als vielmehr darauf, daß die Bearbeitung für die vier Jahre — oder wenn möglich für sämtliche Jahre seit 1880 — nach den gleichen Grundsätzen geschieht, Grundsätze, um deren Angabe, insofern sie von jenen Direktiven abweichen, wir ergebenst ersuchen. Soweit nach dortiger Sachlage die Beschaffung der Angaben für die früheren der genannten Jahre unmöglich sein sollte, wird ergebenst gebeten, das Material wenigstens für die späteren derselben zusammenzustellen zu wollen.

Die einzelnen Punkte, auf welche sich die Erörterung erstrecken soll, ergeben sich aus den Formularen. Danach soll zur Erörterung kommen die Einwirkung auf

    a. die Gesamtzahl der Armenunterstützungsfälle,

    b. die offene und geschlossene Armenkrankenpflege,

    c. die Unterstützung in bar oder Naturalien,

    d. das Armenbegräbniswesen,

    e. die Armenwaisenpflege,

Es wird dann weiter die Einwirkung der drei Versicherungsarten, Krankenversicherung, Unfallversicherung, Invaliditäts- und Altersversicherung, getrennt zu untersuchen und zu erörtern sein, insbesondere wird festzustellen sein, inwieweit durch Unfall-, Alters- und Invalidenrente eine thatsächliche Entlastung der Armenpflege eingetreten ist.

Endlich bitten wir, das Armenbudget einer besonderen Erörterung zu unterziehen und festzustellen, ob und inwieweit eine Verminderung der Ausgaben für die einzelnen Zweige der Armenpflege eingetreten ist, insbesondere auch, ob nicht die Entlastung durch die Arbeiterversicherung zu einer Erhöhung und Verstärkung der Armenpflege-Leistungen benutzt worden ist.

Des weiteren werden noch folgende Punkte einer eingehenden Erörterung bedürfen:

    I. Wie lagen in dem Bezirke die Verhältnisse der Arbeiterversicherung vor Inkrafttreten der neuen Arbeiterversicherungsgesetze; insbesondere war der größte Teil der Arbeiterbevölkerung schon vor Inkrafttreten der Zwangsversicherung in freien Kassen, Fabrikkassen, Knappschaftskassen, ortsstatutarischen Zwangskassen u. s. w. gegen Krankheit, Unfall, Invalidität, Alter versichert? Auf wie hoch — in der Zahl der Versicherten — wird die Zunahme der Versicherung durch die Einführung der Zwangsversicherung geschätzt? Hat ferner für den Bezirk eine statutarische (§ 2 des Krankenversicherungsgesetzes) oder landesgesetzliche Ausdehnung der Zwangs-Krankenversicherung stattgefunden? In welchen Jahren trat diese Ausdehnung in Kraft? Auf welche Berufszweige erstreckte sich dieselbe? Wie viel Personen (in

---

[1] Siehe S. 8—10.

Prozenten der Versicherten) wurden ungefähr durch dieselbe in die Zwangsversicherung einbezogen?

II. Haben seit 1880 wesentliche Änderungen in der Organisation bezw. der Handhabung der öffentlichen Armenpflege stattgefunden? In welchen Jahren traten dieselben in Kraft? Wirkten dieselben entlastend oder belastend für die öffentliche Armenpflege? In welchen Jahren kamen diese Wirkungen zum ersten Male zum sichtbaren Ausdruck?

III. Haben besondere Ursachen, wie z. B. Notstand, Lebensmittelpreise, Arbeitslosigkeit, Verbesserungen oder Verschlechterungen in der Organisation bezw. Wirksamkeit der Privatwohlthätigkeit (Stiftungen, Vereine u. s. w.), Verbesserungen oder Verschlechterungen der allgemeinen Erwerbsverhältnisse u. s. w. und in welchen von den Berichtsjahren, auf den Umfang der öffentlichen Armenpflege-Thätigkeit und damit auf die Höhe des Armenbudgets Einfluß gehabt?

IV. War die Armenpflege öfter genötigt, vorläufig an Stelle der Arbeiterversicherung (Krankenkassen, Berufsgenossenschaften, Invaliditäts- und Altersversicherungsanstalten) versicherte Personen zu unterstützen, weil sich die Unterstützung durch die Arbeiterversicherung aus irgend welchem Grunde verzögerte, weil die Arbeiterversicherungsorgane die Gewährung der Unterstützung verweigerten, weil das Vorhandensein eines Anspruchs an die Arbeiterversicherung nicht bekannt war? Lassen sich für die einzelnen Berichtsjahre bestimmte oder ungefähre Angaben über die Anzahl solcher Fälle machen? (Bei Beantwortung dieser Fragen wird gebeten, die drei Arten der Versicherung getrennt zu behandeln.)

V. War die Armenpflege öfter genötigt, neben der Arbeiterversicherung die Versicherten zu unterstützen, weil die Leistungen aus der Arbeiterversicherung für die Versicherten unzulänglich waren, insbesondere

    a. wegen Geringfügigkeit des Krankengeldes durch Leistung eines Zuschusses,

    b. wegen kurzer Dauer der Krankenpflege durch Fortgewährung derselben,

    c. wegen verweigerter Gewährung der Krankenhauspflege durch Leistung derselben?

Lassen sich auch hier bestimmte oder ungefähre Angaben über die Anzahl solcher Fälle machen? (Bei Beantwortung dieser Frage wird gebeten, die drei Arten der Versicherung getrennt zu behandeln.)

VI. Hat die Armenverwaltung für die Behandlung derjenigen Fälle, in welchen sie von Versicherten wegen verzögerter oder ungenügender Leistung der Versicherungsorganisation in Anspruch genommen wurde, sowie überhaupt über die Behandlung der Fälle des Zusammentreffens von Versicherung und Armenpflege bestimmte Grundsätze aufgestellt, bezw. Anweisungen an ihre Organe erlassen, und welches sind dieselben? Auf welche Weise verschafft sich die Armenverwaltung Kenntnis darüber, ob und inwieweit die der öffentlichen Armenpflege anheimgefallenen Personen Leistungen aus der Arbeiterversicherung, insbesondere Renten empfangen?

VII. Hat die Einführung der Arbeiterversicherung Anlaß zur Vermehrung oder Vergrößerung der Einrichtungen für die geschlossene Kranken= pflege gegeben und in welchem Umfange?

Sollte an dortiger Stelle bereits gedrucktes Material über die in Rede stehenden Fragen oder anderweites Zahlen=Material, aus welchem sich Schlüsse über die Wechselwirkung von Arbeiterversicherung und öffent= licher Armenpflege ziehen lassen, vorhanden sein, so bitten wir ergebenst um Übersendung desselben.

Es würde uns erwünscht sein, wenn die betreffende Beantwortung uns innerhalb des Januars des k. J. zugehen könnte. Wir bitten, dieselbe an die Adresse des unterzeichneten Vorsitzenden der Kommission, Bezirkspräsidenten z. D. Frhrn. v. Reitzenstein, Freiburg in Baden, Lorettostraße 6, sehr gefälligst richten zu wollen.

Schließlich fügen wir noch die ergebenste Bitte bei, die Anschreibungen auf dem gedachten Schema, soweit irgend möglich, für die Zukunft fortsetzen zu wollen, damit die Möglichkeit, etwaigen weiteren Ansuchen ohne besondere Schwierigkeit genügen zu können, erhalten bleibe."

(Siehe Formular I—III S. 8—10.)

Das Anschreiben ist demnächst an 378 Armenverwaltungen und zwar 82 größere, 71 mittlere und 96 kleinere Städte, sowie an 129 Landgemeinden versandt worden. Abgelehnt haben eine Beantwortung 30 Verwaltungen; eine Antwort ist eingegangen von 110 Verwaltungen, darunter 44 größeren Städten, 31 mittleren Städten, 18 kleineren Städten und 17 Landgemeinden.

Am 24. September 1894 trat die Hauptkommission in Köln zu ihrer dritten Sitzung zusammen, an welcher der Geh. Regierungsrat Dr. Kelch namens des Reichsamts des Innern, sowie Direktor Dr. Neefe namens der armenstatistischen Kommission deutscher Städte teil nahmen.

Die Kommission beschloß, mich um Bearbeitung des eingegangenen Materials und Vorlegung des bezüglichen Berichts an die Kommission zu ersuchen, deren weitere Beschlüsse vorbehalten bleiben.

In der am 4. März 1895 stattgehabten Sitzung des Centralausschusses hielt man es indes für sehr wünschenswert, daß die Bearbeitung der Frage noch in diesem Jahre zu einem gewissen Abschlusse käme und zwar schon aus dem Grunde, um das gesammelte Material nicht veralten zu lassen.

Der Centralausschuß beschloß daher, das Thema schon auf die Tages= ordnung der diesjährigen Hauptversammlung zu setzen und mich mit der Berichterstattung zu beauftragen. Unter diesen Umständen kann ich das nach= folgende Referat nicht im Namen der Kommission, sondern nur im eigenen Namen erstatten. Das Referat soll gleichzeitig den Bericht an die Kommission bilden. Deswegen habe ich für die Bearbeitung des Ma= terials eine Form gewählt, welche es ermöglicht, dasselbe möglichst objektiv und vollständig, losgelöst von jeder Kritik und der eigenen Meinungsäußerung zur Darstellung zu bringen. Wenn hierbei etwas zu ausführlich verfahren und mitunter auch Material verwendet worden ist, welches für die Beurteilung der vor= liegenden Frage anscheinend wenig Wert bietet, wie z. B. die bloßen Zahlen= angaben, auf deren Zusammenstellung sich viele Verbände beschränkt haben,

Formular I.

	1	2		3		4		5		6		7		8							
	Jahr[1]	Zahl der ortsanwesenden Civilbevölkerung (nach den Ermittelungen der Volkszählung)		Gesammtzahl der im Wege der öffentlichen Armenpflege unterstützten Personen[2]		Zahl der in der Armenkrankenpflege[3] unterstützten Personen[4]		Zahl derjenigen Personen[4], welche laufend Unterstützungen in baar (Gelde oder Naturalien[6] erhalten haben)		Zahl der auf öffentliche Armenkosten beerdigten Personen		Zahl der in die öffentliche Armen-Waisenpflege[7] neu aufgenommenen inneren Personen		In wie viel Fällen war die Ursache der Unterstützungsbedürftigkeit[8] beim Familienhaupt							
						in der offenen Armenkrankenpflege[5]	in der geschlossenen Armenkrankenpflege[4]							a Unfall[9]		b Krankheit		c körperliche und geistige Gebrechen (Siechtum)		d Altersschwäche	
		m.	w.	m.	w.	m.	w.	m.	w.	m.	w.	m.	w.	m.	w.	m.	w.	m.	w.	m.	w.
	1880																				
	1885																				
	1890																				
	1893																				

[1] Wenn das Kalenderjahr mit dem Etatsjahr nicht zusammenfällt, so können die Angaben für das Etatsjahr gemacht werden.

[2] Hier ist nur die Zahl der Selbstunterstützten (Familienvorstände und einzelstehende Personen) anzugeben. Verschiedene bezw. mehrmalige Unterstützungen im Laufe des Jahres sind nur einmal zu zählen. Nicht heimatsberechtigte Personen sind mitzuzählen, dagegen scheiden aus heimatsberechtigte, aber in fremden Verbänden Unterstützte.

[3] Zur Armenkrankenpflege gehört auch die Irren-, Wöchnerinnen- und Siechenpflege. Als Krankenunterstützung gilt jede Leistung, welche auf die Krankenpflege Bezug hat, also z. B. auch einfacher ärztlicher Rat, die Gewährung einer Brille, eines Bruchbandes.

[4] Familienvorstände und einzelstehende Personen. Auch nichtheimatsberechtigte Unterstützte sind zu zählen, dagegen scheiden aus heimatsberechtigte, aber in fremden Verbänden Unterstützte.

[5] Als in geschlossener Armenkrankenpflege unterstützt gelten diejenigen Personen, welche in einem Anstaltsgebäude, als in offener diejenigen, welche in ihrer eigenen oder fremden Wohnung unterstützt wurden.

[6] Hier sind alle Personen aufzuführen, welche laufend in baar bezw. Naturalien unterstützt wurden, also auch diejenigen, welche z. B. gelegentlich der Krankenpflege aufzuführen sind.

[7] Eine der Mutter gewährte Beihilfe zählt nur als Almosen und ist in Kolonne 5 aufzuführen.

[8] Bei gleichzeitigem Zusammentreffen mehrerer Ursachen ist die überwiegende zu zählen. In Kolonne 8 sind nur die Fälle für die in Unterkolonne a. b. c. d. angegebenen Ursachen anzugeben. Fälle mit anderen Ursachen scheiden aus.

[9] Unfall durch eigene Verletzung, Verletzung des Ernährers oder Tod des Ernährers.

Formular II.

| | Zahl derjenigen Personen, für welche in der Zeit vom 1. Januar 1891 bis zum 31. Dezember 1893 zur Festsetzung gekommen sind: | | | |
| | a | b | c | d |
	Unfallrenten	Altersrenten	Invalidenrenten	Bemerkungen.
1.	insgesamt:			
	hiervon:			
2.	waren bereits vor **Eintritt des Anspruchs auf Rentenbezug**[1] in öffentlicher Armenpflege			
3.	schieden infolge der Rentenfest= setzung aus der Armenpflege **gänzlich** aus			
4.	schieden infolge der Rentenfest= setzung aus der Armenpflege **teilweise** aus			
5.	fielen in der Zeit zwischen **Eintritt des Anspruchs auf Rentenbezug** und dem **thatsächlichen Beginn des Rentenbezugs** der öffentlichen Armenpflege anheim			
6.	fielen **nach Beginn des Renten= bezugs** bei Fortdauer desselben der Armenpflege anheim			

[1] Man beachte, daß zwischen der Entstehung des Anspruchs und der Rentenfestsetzung oft eine sehr geraume Zeit vergeht. Hier handelt es sich nur um diejenigen Personen, welche **vor** Eintritt des Anspruchs bereits in Armenpflege waren; diejenigen Personen, welche in der Zwischenzeit bis zum Renten= bezuge der Armenpflege anheimfielen, sind in Kolonne 5 aufzuführen.

Formular III.

Jahr	Betrag der Ausgaben für die Zwecke der öffentlichen Armenpflege					Es sind erstattet worden[1]			Bemerkungen
	a	b	c	d	e	von Krankenkassen	von Berufsgenossenschaften	von Invaliditäts- und Altersversicherungsanstalten	
	insgesamt	für die offene Armenkrankenpflege	für die geschlossene Armenkrankenpflege	für die bar- bezw. Naturalunterstützung	für die Waisenpflege				
1880									
1885									
1890									
1893									

[1] Es genügt, wenn in diese Kolumnen die Gesamtbeträge eingetragen werden, welche während des betreffenden Jahres zur Erstattung gelangten. Einer Aussonderung derjenigen Erstattungen, welche sich auf die in der Ausgabe (Kolumne a. b. c. d. e.) begriffenen Beträge individuell beziehen, bedarf es nicht.

so wolle man erwägen, daß es mir in erster Linie darauf ankam, eine mög=
lichst vollständige Zusammenfassung des von den Verbänden gelieferten Ma=
terials zu geben, um es der Beurteilung durch den Leser nicht zu entziehen.

––––––––

Das von den Verwaltungen eingesandte Material ist nach Umfang
und Inhalt nicht gleichartig. Während einzelne Verwaltungen sehr umfang=
reiche Äußerungen unter möglichst genauer Ausfüllung der Fragebogen abgegeben
haben, sind von anderen nur die — öfter nicht vollständig — ausgefüllten
Fragebogen eingegangen. andere haben sich in ihren Äußerungen an die von
der Kommission vorgeschlagene Form nicht gehalten oder sich darauf beschränkt,
Abschrift derjenigen Berichte einzureichen, welche von ihnen infolge der vom
Reichsamt des Innern veranstalteten Enquete erstattet worden sind. Im
allgemeinen bietet aber das Material sehr viel des Interessanten und Be=
lehrenden, so daß eine möglichst vollständige Bearbeitung und Veröffent=
lichung desselben — abgesehen auch von den oben angeführten formellen
Gründen — geboten erschien. Für die Form der Veröffentlichung des ein=
gegangenen Materials erschien es am zweckmäßigsten, zunächst jeden Ver=
band für sich gesondert zu behandeln. Eine Zusammenfassung des Ma=
terials bezüglich der einzelnen in Betracht kommenden Fragen war nicht
thunlich, weil eine richtige Beurteilung der über die einzelnen Fragen
erteilten Antworten nur unter Berücksichtigung der gesamten Verhältnisse des
betreffenden Armenverbandes, und etwa vorhandener Besonderheiten er=
folgen konnte, ein Losreißen einzelner Teile aus dem Gesamtbilde vielfach
zu einer falschen Beurteilung der Teile und des Gesamtbildes geführt haben
würde. Dazu kommt, daß das eingegangene Zahlenmaterial sehr oft nicht
unter den gleichen von der Kommission empfohlenen Gesichtspunkten zu=
sammengestellt worden ist, ein Umstand, welcher bei der Behandlung jedes
Armenverbandes für sich als gesondertes Ganzes wenig in Betracht kommt.
Das Zahlenmaterial soll ja auch nicht zur Vergleichung der einzelnen Ver=
bände unter sich, sondern zur Vergleichung der Ergebnisse der einzelnen
Jahre innerhalb desselben Verbandes dienen.

Demgemäß wird im folgenden das eingegangene Material für jeden ein=
zelnen Verband — mit Ausnahme einiger Verbände, deren Antworten nicht
brauchbar erschienen — zusammengestellt. Es handelt sich hier zu=
nächst um eine möglichst objektive und möglichst kurz ge=
faßte Darstellung des Materials ohne eigene Ausführungen des
Verfassers (vgl. hierzu die obigen Ausführungen). Die Beurteilung
dieses Materials und zwar in seiner Gesamtheit soll dieser Darstellung
folgen.

Für die äußere Anordnung erschien die Zusammenfassung nach den vier
Gruppen: größere, mittlere, kleinere Städte und Landgemeinden zweckent=
sprechend. Hierbei sind die einzelnen Verbände derjenigen Gruppe zugeteilt
worden, welcher sie nach der von der Kommission gegebenen Zusammenstellung
gemäß den eingegangenen Vorschlägen (vgl. oben) angehören sollten. Inner=
halb der Gruppen sind die Verbände nach dem Alphabet aufgeführt, um die
Auffindung zu erleichtern.

Des weiteren geschieht die Zusammenstellung des Materials in fünf
Abschnitten. Unter I wird die allgemeine Äußerung des Verbandes über
die nach seiner Meinung stattgehabte Einwirkung der Arbeiterversicherungs=
gesetze auf die Armenpflege gegeben. Da diese Äußerungen wohl den
wichtigsten und interessantesten Teil der Antworten bilden, so werden
dieselben in möglichster Ausführlichkeit, zumeist wortgetreu, wieder=
gegeben. Unter II folgt eine Übersicht über diejenigen Umstände, welche
besonders belastend oder entlastend, unabhängig von den Arbeiterver=
sicherungsgesetzen, auf die Armenpflege gewirkt haben (vgl. Rundschreiben
Ziffer II und III). Auch werden die Versicherungsverhältnisse der Arbeiter
vor Einführung der Arbeiterversicherungsgesetze berührt (vgl. Rundschreiben
Ziffer I). Unter III folgt das Zahlenmaterial für die vier Berichts=
jahre, d. h. die Jahre 1880, 1885, 1890, 1893. In vielen Fällen ist
nur Material für die drei ersten oder die drei letzten Berichtsjahre gegeben.
Die Zahlen für die einzelnen Jahre werden hintereinander aufgeführt, und
zwar im Anschluß an den Fragebogen Formular I nach folgender
Ordnung: Bevölkerungszahl, Gesamtzahl der unterstützten Personen, offene
Krankenpflege, geschlossene Krankenpflege, Almosenpflege (Reihe 5 des For=
mulars I), Beerdigung, Waisenpflege, demnächst die Ursachen der Unter=
stützungsbedürftigkeit gesondert nach Unfall, Krankheit, Siechtum und Alters=
schwäche. Sind von den Verbänden die Zahlen für männliche und weibliche
Personen gesondert gegeben, so ist auch zumeist, mit Ausnahme der Zahlen
für die Bevölkerung, der Abdruck gesondert erfolgt. Äußerungen von Erheblich=
keit des betr. Verbandes über die Bedeutung der einzelnen Zahlen sind einge=
schaltet; ebenso Äußerungen über Ziffer VII des Rundschreibens (Vergrößerung
der Einrichtungen für die geschlossene Krankenpflege infolge der Einführung
der Arbeiterversicherung). Unter IV werden die Budgetzahlen zusammen=
gestellt im Anschluß an Formular III: Gesamtausgaben, Ausgaben für die
offene Krankenpflege, für die geschlossene Krankenpflege, für Almosenpflege
und für Waisenpflege, sowie Erstattungen von den Versicherungsverbänden.
Auch hier sind bezügliche Äußerungen der Armenverbände eingeschaltet.
Endlich werden unter V im Anschluß an das Formular II die Angaben
über die Beziehungen der Armenpflege zu den Rentenempfängern zusammen=
gestellt. Wo nur von Rentenempfängern schlechtweg gesprochen wird, handelt
es sich um Invaliden= und Altersrenten, da Angaben über die Unfallrenten
in den meisten Fällen nicht beigebracht werden konnten. In demselben Ab=
schnitt kommt auch die Frage zur Erörterung, ob die Armenpflege an Stelle
oder neben der Arbeiterversicherung hat eintreten müssen (vgl. Rundschreiben
Ziffer IV und V), sowie etwa eingegangenes Material über Ziffer VI des
Rundschreibens (Grundsätze über Behandlung der Fälle des Zusammentreffens
von Versicherung und Armenpflege).

A. Größere Städte.

Aachen.

I. Die Einwirkung wird im allgemeinen bejaht und zwar: in be=
deutendem Maße durch die Krankenversicherung auf die ge=
schlossene Krankenpflege, in beschränktem Maße durch die Unfall=
versicherung bei der offenen Armenpflege. Von der Invaliditäts= und
Altersversicherung verspricht man sich mit der Zeit einen ganz wesentlichen
Einfluß.

II. Bei Beurteilung der im folgenden gegebenen Zahlen ist zu be=
achten, daß am 1. April 1889 das Elberfelder System zur Einführung
gelangte, welches nach Ansicht des Verbandes einen wesentlichen Rückgang in
der Zahl der Unterstützungsfälle, dagegen, mit Rücksicht auf die durchgängig
bedeutend höher bemessenen Unterstützungen, ein Anwachsen der Ausgaben
zur Folge hatte. Auf ein Anwachsen der Armenpflege haben ferner die miß=
lichen Verhältnisse der Industrie, welche seit Mitte 1891 anhalten, eingewirkt.
Endlich pflegte man die Leistungen aus den Arbeiterversicherungen, ins=
besondere die Invaliden= und Altersrenten bei Bemessung der Armenunter=
stützung nicht ganz in Anrechnung zu bringen. Ein großer Teil der Arbeiter=
bevölkerung war bereits gegen Krankheit versichert (von 25 000 ca. 17 000).

III. Bevölkerung: 85 000, 95 000, 104 000, 112 000.

Die Gesammtzahl der im Wege der öffentlichen Armenpflege unter=
stützten Personen ist von 8992 im Jahre 1880/81 auf 8620 im Jahre
1885/86 zurückgegangen. Der weitere Rückgang auf 7843 im Jahre 1890/91
dürfte wenigstens zum Teil auf die Einführung des Elberfelder Systems
zurückzuführen sein. Im Jahre 1893/94 hat hingegen die nicht unerhebliche
Steigerung auf 9101 Fälle stattgefunden.

In der offenen Krankenpflege betrugen die betreffenden Zahlen in den
4 Jahren: 3167, 2880, 2436, 2944, in der geschlossenen Krankenpflege:
3282, 3138, 3435, 3739. Am augenscheinlichsten ist die Einwirkung
bei der Zahl der „Anweisungen auf Unterstützung durch Armenarzt und
Medikamente." Dieselben betrugen: 9049, 6850, 6960, 8411.

Zur Vermehrung oder Vergrößerung der Einrichtungen für die ge=
schlossene Krankenpflege hat die Einführung der Arbeiterversicherung bisher
Anlaß nicht gegeben.

Bei den Armenkosten für Beerdigungen ist ein wesentlicher Rückgang zu
beobachten. Die Zahl der Fälle betrug in den 4 Jahren: 807, 666, 501
und 619.

In der Waisenpflege findet man von 1885 auf 1890 einen Rückgang
von 167 auf 153.

Ursachen der Unterstützungsbedürftigkeit. Unfall (seit 1885): 35, 47, 43.
Krankheit: 2600, 2400, 2300, 3200. Siechtum: 370, 360, 390, 460.
Altersschwäche: 980, 990, 1230, 1360.

IV. Die Gesamtausgaben für die Armenpflege sind stetig gewachsen:
650 000, 700 000, 770 000, 870 000. Offene Krankenpflege: 21 200,
21 900, 22 300, 29 300. Geschlossene: 332 000, 373 000, 427 000,

366 000. Almosen: 174 000, 203 000, 235 000, 306 000. Waisenpflege: 95 000, 75 000. 52 000, 54 000. „Im Jahre 1888 wurde ein großer Teil der Waisenhauszöglinge in Familienpflege untergebracht, wodurch sich die Kosten der Waisenpflege wesentlich ermäßigten". Die an den Armenverband geleisteten Erstattungen betrugen von 1885 bis 1893 von den Krankenkassen: 213 538, von den Berufsgenossenschaften 10 287, von den Versicherungsanstalten: 4111.

V. Von 574 Unfallrentnern befinden sich 11 in der Armenpflege; hiervon schieden 9 gänzlich und 2 teilweise aus. Während des Verfahrens fielen 5 und nach Beginn des Rentenbezuges 2 der Armenpflege anheim.

Von 495 Invaliden= und Altersrentnern befanden sich 33 in der Armenpflege, während 24 während des Verfahrens der Armenpflege zur Last fielen; hiervon schieden 30 gänzlich und 10 teilweise aus. 20 fielen nach Beginn des Rentenbezuges der Armenpflege anheim.

In vielen Fällen war die Armenpflege genötigt, an Stelle und neben der Arbeiterversicherung einzutreten; an Stelle der Arbeiterversicherung, weil bei Unfall= und Invaliditätsversicherung das Feststellungsverfahren zu viel Zeit erfordert, neben der Arbeiterversicherung, wenn Unterstützten Fürsorge für Familienangehörige obliegt. Auch mußte häufig die Armenpflege ergänzend bei der Krankenversicherung durch Gewährung der noch weiter benötigten Krankenhauspflege eintreten.

Über die Anrechnung der Renten wird von Fall zu Fall entschieden. Die Bewilligung von Invaliden= und Altersrenten wird dem Verband von der Versicherungsanstalt mitgeteilt und in ein Kontrollregister eingetragen.

Altona.

I. In die Berichtszeit fällt die Eingemeindung von vier Ortschaften.
II. Bevölkerung: 91 000, 104 000, 143 000, 150 000.

In den vier Berichtsjahren betrug die Zahl der in der geschlossenen Armenpflege unterstützten Personen: 2300, 2500, 2500, 3700, in der offenen Armenpflege: 1600, 1900, 1600, 1900, bei den Beerdigungen: 240, 240, 200, 300. Weitere Angaben werden nicht gemacht.

III. Die Gesamtausgaben sind stetig gewachsen: 370 000, 420 000, 450 000, 508 000.

IV. Die Armenpflege mußte nicht selten neben der Krankenversicherung durch Unterstützung der Familien der in Anstaltspflege befindlichen Versicherten und ergänzend durch Fortgewährung der Krankenfürsorge nach Beendigung der Kassenleistungen, eintreten. Rentenempfänger scheiden in der Regel gänzlich aus der Armenpflege aus. Die Armenpflege mußte aber insbesondere bei der Unfallversicherung wiederholt an Stelle derselben bis zur Beendigung des Festsetzungsverfahrens eintreten.

Augsburg.

I. „Im allgemeinen kann festgestellt werden, daß durch die Arbeiter= versicherung eine Entlastung der Armenpflege thatsächlich

eingetreten ist. . . . Es unterliegt keinem Zweifel, daß das Kranken=
versicherungsgesetz von ganz wesentlichem Einfluß auf die Armenpflege
ist. . . . In Bezug auf die Unfallversicherung, welche zur Zeit nicht alle
Gewerbszweige und auch diese nur unter bestimmten Voraussetzungen umfaßt,
lassen sich ziffernmäßige Anhaltspunkte über die Einwirkung auf die Armen=
pflege nicht gewinnen, doch unterliegt es keinem Zweifel, daß gerade die
Unfallversicherung mit der Zeit eine bedeutende Entlastung der Armenpflege
herbeiführen wird, weil die Unfallrenten in der Regel so bemessen sind, daß
die Rentenempfänger neben dem Genusse der Unfallrente die Armenkasse
nicht oder nur in seltenen Fällen in Anspruch zu nehmen brauchen. . . .
Wenn auch anzunehmen ist, daß die Invaliditäts= und Altersversicherung
auf die Armenpflege einstens sehr großen Einfluß ausüben wird, so muß
doch konstatiert werden, daß zur Zeit dieser Einfluß noch sehr gering und
kaum merklich ist.“

II. Von besonderen die Armenpflege beeinflussenden Umständen ist die
Influenzaepidemie im Jahre 1891 zu erwähnen.

III. Bevölkerung: 60 000, 63 000, 73 000, 77 000.

Die Gesamtzahl der unterstützten Personen hat zwar zugenommen, aber
nicht mehr in dem Maße, wie vor Einführung der Arbeiterversicherungs=
gesetze. Während in den Jahren 1878/84 bei einer Vermehrung der Be=
völkerung um 7,59 % sich die Zahl der dauernd Unterstützten um 18,63 %
und die Zahl sämtlicher Unterstützten um 7,84 % vermehrt hat, ist in der
Periode 1889/93 bei einem Wachstum der Bevölkerung um 24,96 % eine
Vermehrung der dauernd Unterstützten um nur 1,70 %, der sämtlichen Unter=
stützten um 13,79 % eingetreten. Die Mehrung in der Zeit von 1885 bis
1893 gegenüber der Zeit von 1878 bis 1884 beträgt im Durchschnitt
bei der Bevölkerung 16,02 %, den dauernd Unterstützten 6,66 %, den sämt=
lichen Unterstützten 6,07 %.

Die Zahl der durch fortlaufende Spenden Unterstützten ist bis zum
Jahre 1884 prozentual unter Zugrundelegung der Bevölkerungsziffer von
1,23 auf 1,31 gestiegen und seit dieser Zeit bis 1893 langsam auf 1,10
gefallen. Der Bericht bemerkt: „Daß zu diesem Ergebnis die Unfallversicherung
wesentlich beiträgt, dürfte außer Zweifel sein.“

IV. Die Gesamtausgaben sind von 137 000 M. im Jahre 1878 auf
168 000 M. im Jahre 1884 gestiegen, im Jahre 1885 um 10 000 M. zurück=
gegangen, trotz des Aufwandes für das in diesem Jahre ins Leben gerufene
Asyl für Obdachlose, das jährliche Kosten von 1500 M. verursacht. Eine
langsame absolute Erhöhung in den letzten 6 Jahren wird auf die Influenza=
epidemie im Jahre 1891, sowie auf bauliche Änderungen in den Armenan=
stalten, dann aber auf Verteuerung der Lebensmittel und Wohnungen zurück=
geführt. Der Unterstützungsanteil auf den Kopf der Bevölkerung steigt von
2,41 M. im Jahre 1878 auf 2,74 M. im Jahre 1884 und fällt von da
bis auf 2,20 M. im Jahre 1893.

Der prozentuale Anteil der Bevölkerung an den Krankenhauskosten steigt
in den Jahren 1878 bis 1884 auf 41,68 M. und fällt im Jahre 1885 auf
28,73 M. unter dem augenscheinlichen Einflusse des Krankenversicherungsge=
setzes. Dieselbe Erscheinung ist bei den in der Privatpflege behandelten Kranken

beobachtet worden. Bei einem Anwachsen der Bevölkerung seit 1884 von 24,96 %, haben die Kurkosten in Krankenhäusern eine Minderung von 27,74 %, diejenigen der in Privatpflege befindlichen Personen eine Minderung von 30,84 % erfahren.

Der Kopfanteil an den laufenden Spenden ist von 0,92 M. im Jahre 1881 auf 1,00 M. im Jahre 1884 gestiegen und seither auf 0,87 M. im Jahre 1893 gefallen.

V. Von 312 Invaliden= und Altersrentnern waren 45 vor dem Rentengenuß in der Armenpflege; hiervon schieden infolge der Rentenbewilligung 3 gänzlich, 19 teilweise aus und 23 (51,1 %) sind in der Armenpflege gänzlich verblieben. 28 Personen sind erst nach Beginn des Rentenbezugs der Armenpflege zur Last gefallen.

Fälle, in denen die Armenpflege neben oder an Stelle der Arbeiterver= sicherung eintreten mußte, sind vereinzelt vorgekommen. Öfter wurde ein vorläufiges Eingreifen veranlaßt, weil nicht feststand, welche Kasse für die Unterstützung zuständig war. Ziemlich oft trat die Armenpflege ergänzend durch Fortgewährung der Krankenfürsorge nach Beendigung der Kassen= leistungen ein.

Barmen.

I. Der Verband glaubt, daß die Einwirkung sich z. Z. nicht genügend übersehen läßt, bejaht aber einen wesentlichen Einfluß des Kranken= und Unfallversicherungsgesetzes auf das Budget, in dem die Armenpflegekosten pro Kopf der Bevölkerung von 3,90 M. auf 3,77 bezw. 3,70 M. in den Jahren 1885 und 1886 gesunken sind.

II. Im Jahre 1880/81 befand sich die Industrie in einer sehr un= günstigen Lage; infolgedessen stiegen die Anforderungen an die Armenpflege beträchtlich.

III. Bevölkerung: 95 000, 103 000, 120 000, 123 000.

Die Gesamtzahl der unterstützten Personen betrug in den vier Berichtsjahren: 2088, 1093, 1070, 1144. Offene Krankenpflege (seit 1885): 700, 570, 570. Almosen: 940, 700, 740, 810. Beerdigungen: 340, 190, 120, 160. Waisen= pflege: 93, 71, 45, 44. Von besonderer Bedeutung ist die Bewegung bezüglich der Ursachen der Unterstützungsbedürftigkeit. Bei den männlichen Personen betrug die Zahl der Fälle, in denen Krankheit die Ursache der Unterstützungs= bedürftigkeit war, in den vier Berichtsjahren: 234, 126, 72, 73, Alters= schwäche: 32, 19, 23, 18. Ein derartiger Rückgang war bei den weiblichen Personen, welche von der Versicherung nicht so stark erfaßt werden, nicht zu beobachten.

IV. Der Wirkungen auf das Budget ist bereits unter I Erwähnung geschehen. Die Gesamtausgaben betrugen: 400 000, 380 000, 389 000, 443 000; bei der offenen Krankenpflege: 16 000, 12 000, 11 000 13 000. Bei der geschlossenen Krankenpflege findet man eine recht wesentliche Steigerung: 61 000, 60 000, 81 000, 99 000, während bei den Barunter= stützungen wieder ein Rückgang stattgefunden hat: 165 000, 134 000, 113 000, 146 000. Der Bericht bemerkt ausdrücklich: „Zu einer Erhöhung und Verstärkung der Armenpflegeleistungen ist die Entlastung durch die Arbeiterversicherung nicht benutzt worden.

V. Von 21 vor dem Rentenbezug in Armenpflege befindlichen Invaliden- und Altersrentnern schieden 7 gänzlich, 14 teilweise aus. Nach Beginn des Rentenbezuges fielen 9, im Laufe des Verfahrens 3 Personen der Armen- pflege anheim.

Die Armenpflege ist häufig, insbesondere bei der Unfallversicherung genötigt gewesen, an Stelle der Arbeiterversicherung einzutreten. Neben der Arbeiterversicherung war vereinzelt bei der Krankenversicherung wegen Gering- fügigkeit des Krankengeldes, in vielen Fällen dagegen ein ergänzendes Eintreten wegen kurzer Dauer der Krankenpflege erforderlich.

Bautzen.

Bevölkerung in den ersten 3 Berichtsjahren: 16 000, 19 000, 21 000.

I. Die Gesamtzahl der männlichen unterstützten Personen betrug: 300, 220, 180, 210. Bei den weiblichen Personen ist ein solcher Rückgang nicht zu beobachten: 360, 430, 360, 370. Dieselbe Erscheinung zeigt sich bei der offenen Krankenpflege, männlich: 30, 25, 35, 25; weiblich: 50, 56, 56, 48. In der geschlossenen Krankenpflege ist der Rückgang gleichmäßig bei männlichen und weiblichen Personen, nämlich männlich: 189, 95, 41, 83 und weiblich: 60, 47, 30, 25. Almosen männlich: 64, 86, 92, 91; weiblich 240, 310, 270, 280. Die Zahl der beerdigten männlichen Per- sonen betrug: 26, 17. 10, 16; weiblich: 12, 26, 12, 23. Bei der Waisen- pflege insgesamt: 38, 63, 43, 50.

Ursachen der Unterstützungsbedürftigkeit: Unfall, männlich: 8, 6, 6, 1; weiblich: 9, 23, 25, 11; Krankheit, männlich: 215, 138, 96, 121; weib- lich: 116, 134, 100, 91. Siechtum: männlich 3, 15, 20, 11; weiblich 13, 24, 18, 19. Altersschwäche: männlich 32, 32, 30, 39; weiblich 106, 126, 131, 123.

II. Die Gesamtausgaben betrugen: 31 000, 37 000, 29 000, 34 000, für die offene Krankenpflege: 400, 700, 300. 200; für die geschlossene: 8000, 5000, 2700, 5000; hier ist der Rückgang ein ganz erheblicher. Almosen: 21 000, 26 000, 24 000, 24 000. Waisenpflege: 1900, 4900, 2500, 4500.

III. Von 5 Rentenempfängern schieden 2 gänzlich und 3 teilweise aus der Armenpflege. Eine Person fiel während des Verfahrens der Armen- pflege anheim.

Berlin.

Für Berlin habe ich bereits in meinem ersten Referate l. c. Angaben gemacht, auf welche ich verweise. Im folgenden werden die Angaben zu- sammengestellt, wie sie in dem Bericht der Armendirektion an die Kommission gemacht worden sind.

I. Die Einwirkung wird im allgemeinen bejaht.

Im Winter 1891/92 zeigte sich infolge von Arbeitslosigkeit, hohen Lebensmittelpreisen ein besonderer Notstand, infolgedessen die laufenden Unterstützungen um ⅓ erhöht wurden. Dieser Zustand dauerte auch 1892/93 an. Dazu kam der Einfluß der Influenzaepedimie mit ihren Folgeerscheinungen.

II. Bevölkerung: 1 100 000, 1 300 000, 1 500 000, 1 600 000. Die Zahl der Hauskranken ist in Prozenten der Einwohnerzahl von 4,71 im Jahre 1878 auf 3,8 % im Jahre 1892/93 gefallen. „Hier ist die Abnahme zweifellos auf Rechnung der Krankenversicherung zu setzen". Der Einwirkung der Unfallversicherung wird zugeschrieben der prozentuale Rückgang bei der Almosen= und Waisenpflege. Es betrug nämlich die Zahl der Kinder, für welche an die Mütter laufende Unterstützung gezahlt wurde, im Jahre 1883/84: 0,58 %, im Jahre 1890/91: 0,49 %, während in den beiden folgenden Jahren, wahrscheinlich infolge der unter I angeführten ungünstigen Einflüsse, eine kleine Steigerung eintrat. Die Zahl der Almosenempfänger überhaupt ist von 1,27 % im Jahre 1883/84 auf 1,21 % im Jahre 1890/91 ge= sunken; auch hier trat in den beiden folgenden Jahren eine Steigung ein. Die Zahl der in Waisenpflege befindlichen Kinder ist von 0,34 % im Jahre 1883/84 auf 0,29 % im Jahre 1890/91 gefallen. Beim Beerdigungs= wesen betrugen die Unterstützungsfälle 1883/84: 2 900, 1885/86: 2 500, 1890/91: 2400, während 1892/93 eine Steigerung eingetreten ist. Dement= sprechend ist auch bei den Kosten für das Begräbniswesen ein nicht un= wesentlicher Rückgang zu verzeichnen. Der Bericht bemerkt hierzu: „Diese Zahlen deuten auf einen Einfluß der Socialgesetze hin, indem die von Krankenkassen und der Unfallversicherung gewährten Sterbegelder und Be= erdigungskosten in vielen Fällen das Eintreten der Armenpflege überflüssig gemacht haben werden. Andererseits ist zu berücksichtigen, daß bei einem großen Teil der ärmeren seßhaften Bevölkerung sich das Bestreben zeigt, durch Mitgliedschaft bei einer (auf Freiwilligkeit beruhenden) Sterbekasse sich ein angemessenes Begräbnis zu sichern, das Armenbegräbnis zu vermeiden."

Bei der geschlossenen Krankenpflege wird bei den gegebenen Zahlen zwischen den im Wege der Armenpflege und auf eigene bezw. fremde Kosten Verpflegten nicht unterschieden. Die Zahlen sind daher für die vorliegende Frage von geringem Wert. Die Einwirkung der Versicherung wird aber einiger= maßen veranschaulicht durch folgende Zahlen: Unter 29 000 in städtische Anstalten Aufgenommenen befanden sich im Jahre 1888/89 4700 Kassenmit= glieder. Diese Zahl ist auf 8300 unter 41 000 Aufgenommenen im Jahre 1892/93 gestiegen. Die Zahlungen der Krankenkassen für solche Pfleglinge betrugen 1885/86: 141 000 M., 1892/93: 570 000 M., im ganzen in den 8 Jahren: rund 3 Millionen M. Der Bericht bemerkt weiter: „daß die Ver= mehrung der Einrichtungen für die geschlossene Krankenpflege durch die Arbeiter= versicherung veranlaßt ist, ist nicht zu bezweifeln. Unseres Erachtens wird unter der Einwirkung der Krankenkassengesetzgebung in den letzten Jahren in weit größerem Umfang, als dies wohl früher geschehen, die Krankenhaus= pflege zur Anwendung gebracht."

III. Die Gesamtausgaben betrugen in den vier Berichtsjahren: 6 700 000, 8 100 000, 10 600 000, 12 700 000. Doch sind diese Summen nicht lediglich für Armenzwecke verausgabt, insbes. sind nicht in Abzug gebracht die Anteile der Krankenkassen, Berufsgenossenschaften u. s. w. Im übrigen bemerkt der Bericht: „Ziffernmäßig läßt sich auch nicht annähernd feststellen, inwieweit eine Vermin=

derung der Ausgaben infolge der Versicherungsgesetzgebung eingetreten ist. Andererseits ist zweifellos eine Erhöhung und Verstärkung der Armenpflegeleistungen eingetreten. Ein ersichtlicher Zusammmenhang zwischen der möglichen Verminderung und der Erhöhung, so daß die Entlastung durch die Arbeiterverversicherung zu einer Erhöhung der Armenpflegeleistungen benutzt worden wäre, ist ausgeschlossen. Im einzelnen sei hierzu bemerkt, daß der Durchschnittsbetrag des Almosens von 130 M. im Jahre 1880/81 auf 147 M. im Jahre 1890/91, 154 M. im Jahre 1892/93, das Pflegegeld von 68 auf 70 und 72,5 M. in den gleichen Jahren gestiegen ist". (Vgl. auch unter I).

IV. Bis Ende 1893 sind 2076 Altersrenten und 584 Invalidenrenten bewilligt worden. Unter ca. 1600 Rentenempfängern waren 150 in der Armenpflege. Hiervon blieben 42 Personen mit 5800 M. Almosen neben 5780 M. Renten in der Armenpflege. 25 Personen mit 2820 M. Almosen schieden gänzlich aus und 83 teilweise, nämlich von 14 000 M. Almosen auf 8600 M., also mit 5400 M. Ermäßigung. Es zeigt sich also hier eine durch die Arbeiterversicherung veranlaßte Ersparnis von rund 8000 M. jährlich. Wie groß thatsächlich die Ersparnis war bez. ist, steht nicht fest, da die Beobachtung nicht alle Rentner umfaßte. 6 Rentner mit 636 M. Almosen neben 1060 M. Rente fielen n a c h dem Rentenbeginn der Armenpflege anheim.

An Stelle der Krankenversicherung muß die Armenpflege in vielen Fällen eintreten, weil die Anmeldung zur Kasse nicht erfolgt, auch die Kassenpflicht zweifelhaft ist. Neben der Krankenversicherung muß die Armenpflege häufig eintreten wegen Geringfügigkeit des Krankengeldes, hauptsächlich für die Familie, wenn das Kassenmitglied sich im Krankenhause befindet. „Wenn die Krankenhauspflege des Mannes länger dauert, muß bei Vorhandensein einer stärkeren Familienzahl stets die Armenpflege durch Leistung einer höheren Unterstützung an die Angehörigen eintreten.". Häufig muß auch die Armenpflege ergänzend bei Beendigung der Kassenleistungen eintreten. Von in den städtischen Krankenhäusern auf Kosten der Kassen behandelten Krankenkassenmitgliedern haben nach Beendigung der Kassenpflicht bei fortdauernder Kur, der Armenpflege überwiesen werden müssen:

$$1888 : \quad 65 \text{ von } 2891 \; (2,22 \,^o/o)$$
$$1889 : 120 \text{ von } 4243 \; (2,83 \,^o/o)$$
$$1890 : 159 \text{ von } 4762 \; (3,34 \,^o/o)$$
$$1891 : 144 \text{ von } 5304 \; (2,71 \,^o/o)$$
$$1892 : 167 \text{ von } 6171 \; (2,71 \,^o/o)$$
$$1893 : 198 \text{ von } 8072 \; (2,45 \,^o/o)$$

Neben der Krankenversicherung erwachsen auch der Armenpflege große Ausgaben für die Syphiliskranken, da die meisten Kassen für diese Kranken die Gewährung der vollen Krankenpflege verweigern und nur $1/2$ des Krankengeldes als Ersatz für Arzt und Medizin gewähren.

„Daß die Armenpflege an Stelle der Berufsgenossenschaften eintreten muß, und zwar vereinzelt recht lange, bis zu $2\,{}^1\!/_2$ Jahren, ist in einzelnen Fällen beobachtet, hauptsächlich in solchen Fällen, in denen Streit über die Zuständigkeit der einen oder anderen Berufsgenossenschaft bestand oder die

2*

Frage, ob Betriebsunfall vorlag, zweifelhaft war. Eigentliche Verzögerungen der Fürsorge der Berufsgenossenschaften sind nicht wahrgenommen".

Bezüglich der Behandlung der Fälle des Zusammentreffens von Armen= pflege und Versicherung ist der Armenkommission nur anheimgestellt worden, in den ersten Jahren Altersrenten nicht in vollem Maße in Anrechnung zu bringen, „damit die Rentenempfänger von der Wirksamkeit des Gesetzes etwas verspürten". Über die zur Festsetzung gelangenden Invaliden= und Altersrenten erhält die Armendirekton von der unteren Verwaltungsbehörde regelmäßig Nachricht. Die Berufsgenossenschaften haben sich gegenüber der Aufforderung zu einer solchen Benachrichtigung zumeist ablehnend verhalten. Der Armen= verband empfiehlt die Einführung einer entsprechenden gesetzlichen Verpflichtung.

Bielefeld.

I. „Im allgemeinen bemerken wir zu der Frage nach der Einwirkung der socialen Gesetzgebung auf das Armenbudget, daß eine Entlastung des= selben nicht eingetreten ist. Bezüglich der schon längere Jahre bestehenden Kranken= und Unfallversicherung ist diese Behauptung auch ganz zweifellos richtig, während die Einwirkung der Invaliditäts= und Altersversicherung wegen des verhältnismäßig erst kurzen Bestehens derselben noch nicht hin= länglich sicher nachzuweisen und die Hoffnung noch nicht ausgeschlossen ist, daß diese Entlastung sich doch noch fühlbar machen wird".

II. Der größte Teil der Fabrikarbeiter war bereits v o r Erlaß der Arbeiterversicherungsgesetze gegen Krankheit, ein großer Teil auch gegen Unfall versichert.

Im Jahre 1887 ist das Elberfelder System eingeführt worden, wodurch keine erhebliche Steigerung der Armenlasten, aber eine Verstärkung der Einzel= leistungen verursacht wurde.

Im Jahre 1891 ist die schlechte Ernte, namentlich die Verteuerung der Kartoffeln fühlbar gewesen.

III. Bevölkerung: 30 000, 34 000, 39 000, 44 000. Gesamtzahl der Unterstützten (für die 3 letzten Berichtsjahre): 860, 870, 880. Geschlossene Krankenpflege: 280, 300, 470. Almosen: 460, 510, 540. Beerdigung: 82, 76, 77. Waisenpflege: 145, 205, 120, 93.

IV. Die Gesamtausgaben betrugen: 55 000, 71 000, 82 000, 105 000. „Dagegen ist eine Folge der socialen Gesetzgebung unverkennbar, es ist eine Verstärkung der Armenleistung in den einzelnen Fällen eingetreten". Dies geht daraus hervor, daß der vierwöchentliche Durchschnitt in der offenen Armen= pflege betrug: 1889/90: 6,39 Mark, 1890/91: 7,40 Mark, 1891/92: 9,00 Mark, 1992/93: 10 Mark. Offene Krankenpflege (für die drei letzten Berichtsjahre): 2290, 1920, 2200. Geschlossene: 27 000, 28 000, 44 000. Almosen: 15 000, 22 000, 36 000, 41 000. Waisenpflege: 6000, 10 000, 6000, 6000. Die Steigerung der Kosten der geschlossenen Krankenpflege im Jahre 1893 auf 44 000 Mark hat besondere Gründe.

V. Von 132 Rentenempfängern waren 16 in der Armenpflege. Hier= von schieden 10 gänzlich, und 6 teilweise aus. 8 Personen fielen nach Beginn, 2 während des Verfahrens der Armenpflege anheim.

Es sind vielfach Fälle beobachtet, wo durch Verzögerung der Feststellung der Unfall= oder Invalidenrente zunächst die Armenpflege eintreten mußte. Ergänzend mußte die Armenpflege in vielen Fällen nach Ablauf der Kranken= fürsorge eintreten.

Von der Feststellung der Invaliden= und Altersrenten erhält die Armen= verwaltung durch die Geschäftsstelle für Arbeiterversicherung regelmäßig Kenntnis.

Breslau.

I. „Eine die Armenpflege entlastende Wirkung ist absolut und ziffer= mäßig nur bei der offenen Krankenpflege zu Tage getreten. In den übrigen Zweigen ist ein absoluter Rückgang auch nicht vorübergehend zu verzeichnen gewesen (siehe jedoch unter III bezügl. der geschlossenen Krankenpflege,) eine gewisse relative Entlastung indessen nicht zu bestreiten, indem zweifellos häufig Fälle vorkommen, in welchen die gezahlten Krankengelder, Unfall=, Alters= oder Invalidenrenten der Armenverwaltung das sonst notwendige Einschreiten ganz oder teilweise ersparen oder auch zur Wiedererstattung der vorschuß= weise gewährten Armenunterstützung dienen. . . . Was aber das Ausbleiben einer intensiveren Rückwirkung hauptsächlich erklärt, ist die Erfahrung, daß verhältnismäßig weite Kreise unserer Bevölkerung ohne versicherungspflichtige Beschäftigung bezw. thatsächlich nicht versichert sind, namentlich gilt dies von dem weiblichen Teil der Bevölkerung, aus dem sich die Rentenempfänger hierorts weit überwiegend rekrutieren. . . . Ein sehr großer Teil hat vor Eintritt der öffentlichen Armenpflege (bezw. der Invalidität) jahrelang lediglich im Haushalte von Familiengliedern gelebt und ist dort event. ohne Lohn beschäftigt gewesen; ein ebenso großer Teil hat schon seit lange wesentlich teils von öffentlicher, teils von privater Unterstützung gelebt und höchstens gelegentliche, geringfügige und minimal gelohnte Arbeiten verrichtet. Die= jenigen, die sich noch wesentlich selbst ernährten, waren meist im Sinne des Gesetzes selbständige Gewerbetreibende, Hausindustrielle oder Heimarbeiterinnen unter die Versicherungspflicht ausschließenden Bedingungen. Hiervon abgesehen, ist auch der Tagesverdienst dieser Personen, zumal wenn ihre Arbeitsfähigkeit einigermaßen beeinträchtigt ist, meist ein so geringer, daß er das Drittel des ortsüblichen Tagelohns nicht erreicht, . . . daß die betreffenden Verhältnisse hierorts besonders ungünstig liegen, ergiebt denn auch ein Vergleich mit den übrigen, namentlich vorwiegend ländlichen Kreisen der Provinz, die verhältnis= mäßig weit höhere Ziffern von Alters= und Invalidenrentnern aufweisen.“

II. Geschäfts= und Arbeitslosigkeit in den letzten Jahren, höhere Lebensmittelpreise, haben auf das Wachsen der Ausgaben für die Armen= pflege Einfluß gehabt.

III. Bevölkerung: 268 000, 294 000, 329 000, 352 000.

Offene Krankenpflege: 14 000, 9500, 8300, 8200. Geschlossene Kranken= pflege in den drei ersten Berichtsjahren: 4500, 3500, 3400. Almosen= pflege: 3600, 4200, 4600, 4900.

Die Einführung der Arbeiterversicherung hat zur Vermehrung oder Ver= größerung der Anstalten für geschlossene Krankenpflege keinen direkten Anlaß gegeben.

IV. Gesamtausgaben: 77 000, 84 000, 103 000, 110 000. Die Stei=
gerung ist nach dem Bericht „zu einem gewissen Teil durch die in den letzten
Jahren mehrfach erfolgte, etwas reichlichere Bemessung der Unterstützungen,
durch die andauernde, gerade in den unteren Schichten besonders starke Ver=
mehrung der Bevölkerung, durch die im Jahre 1891 vorübergehend erheblich
gestiegenen Lebensmittelpreise, sowie durch die Geschäfts= und Arbeitslosigkeit
der letzten Jahre zu erklären."

Offene Krankenpflege: 53 000, 46 000, 41 000, 48 000. Geschlossene
Krankenpflege: 224 000, 206 000, 346 000, 451 000. Almosen: 496 000,
585 000, 641 000, 736 000.

V. Von 828 Rentenempfängern waren 93 in der Armenpflege, von
denen 92 infolge der Rentenfestsetzung gänzlich aus der Armenpflege schieden.
10 Personen fielen nach Beginn des Rentenbezuges, 21 während des Ver=
fahrens der Armenpflege anheim.

Sehr häufig mußte die Armenpflege ergänzend nach Ablauf der Kranken=
fürsorge eintreten. Auch mußte häufig während des Bezuges von Kranken=
geld noch Almosen an die Familie des Erkrankten gewährt werden, nament=
lich wenn dieselbe besonders stark war und wenn bei Verpflegung des Er=
krankten in einem Hospital das Krankengeld zum Teil von diesem in Anspruch
genommen wurde. Einigemale kam es vor, daß völlig hilflose Renten=
empfänger zu dauernder Verpflegung ins Armenhaus aufgenommen wurden,
wobei ein Bruchteil der Rente dem Verpflegten belassen, das übrige für die
Verwaltung in Anspruch genommen wurde.

Von der Bewilligung der Invaliden= und Altersrenten wird der Armen=
verwaltung durch das Magistratsbureau, welches die Anträge auf Rentenfest=
setzung entgegennimmt, Mitteilung gemacht.

Bromberg.

I. Bevölkerung (in den drei ersten Berichtsjahren): 34 000, 36 000,
41 000.

Gesamtzahl der Unterstützten: 1000, 1200, 1200, 1300. Offene
Krankenpflege: 300, 370, 390, 480. Geschlossene Krankenpflege: 320, 240,
290, 230. Beerdigungswesen: 80, 100, 90, 130. Waisenpflege: 197,
181, 149, 138.

Ursachen der Unterstützungsbedürftigkeit. Unfall: 18, 29, 28, 38.
Krankheit: männlich 218, 239, 244, 239, weiblich 226, 277, 271, 289.
Siechtum: männlich 191, 211, 230, 245, weiblich 287, 341, 350, 361.
Altersschwäche: männlich 225, 240, 235, 251, weiblich 301, 259, 261, 267.

II. Gesamtausgaben: 82 000, 87 000, 88 000, 97 000. Offene Kranken=
pflege: 22 000, 32 000, 36 000, 37 000. Geschlossene Krankenpflege: 24 000,
17 000, 18 000, 22 000. Almosen: 40 000, 53 000, 56 000, 61 000.
Waisenpflege: 15 000, 13 000, 10 000, 10 000. „Die allgemeine Steigerung
der Lebensmittelpreise machte nach und nach bei fast allen Almosenempfängern
eine Erhöhung der bisher gezahlten Armenunterstützungbeträge erforderlich.
Dieser Umstand hat auf das allmähliche Anwachsen des Armenbudgets bis
zu seiner Höhe im Jahre 1893 einen wesentlichen Einfluß mit gehabt."

III. Von 118 Rentenempfängern waren 14 in der Armenpflege; hiervon schieden 11 gänzlich und 3 teilweise aus. Eine Person fiel während des Verfahrens, eine nach Beginn des Rentenbezugs der Armenpflege anheim.

Die Armenpflege mußte in vereinzelten Fällen an Stelle der Arbeiterversicherung eintreten, weil sich die Unterstützung durch die letztere in die Länge zog oder weil das Vorhandensein eines Anspruchs nicht bekannt war. Auch neben der Arbeiterversicherung mußte die Armenpflege in einzelnen Fällen eintreten.

Von der Bewilligung der Invaliden- und Altersrenten wird der Armenverwaltung durch das Versicherungsbureau Mitteilung gemacht. „Genießen Rentenempfänger bereits Armenunterstützung, so wird die Armenpflege über dieselben in der Regel sofort eingestellt."

Kassel.

I. „Außer Zweifel steht für uns, daß eine Entlastung der öffentlichen Armenpflege mit der Durchführung der Arbeiterversicherungsgesetze, namentlich des Kranken- und Unfallversicherungsgesetzes stattgefunden hat, da ein Teil der Personen, welche jetzt in Krankheitsfällen gegen Not geschützt sind, früher der öffentlichen Armenpflege anheimfiel, sobald die Arbeitsfähigkeit infolge Erkrankung oder Verunglückung ruhte. Eine wesentliche Entlastung der Armenpflege wird aber erst dann eintreten, wenn es den Krankenkassen möglich sein wird, ihre Leistungen auch auf die Familien der Versicherten ausdehnen zu können und die Altersversicherung ihre Renten beim Eintritt eines früheren Lebensalters und zu einem höheren Betrage gewährt, als das zur Zeit geschieht."

II. Am 1. September 1880 wurde das Elberfelder System eingeführt, welches in bedeutendem Umfange entlastend für die Armenkasse wirkte.

Während des Winters 1892—1893 wurden besondere Aufwendungen wegen Arbeitslosigkeit gemacht. Die Hälfte der zur Zeit versicherten Personen war bereits vor Inkrafttreten des Krankenversicherungsgesetzes gegen Krankheit versichert.

III. Bevölkerung: 55 000, 60 000, 68 000, 74 000.

Gesamtzahl der Unterstützungsfälle: männlich 1900, 1300, 1000, 1300, weiblich 1700, 1800, 1400, 1400. Offene Krankenpflege: männlich 590, 400, 330, 300, weiblich 970, 1000, 650, 760. Geschlossene Krankenpflege: männlich 770, 530, 390, 670, weiblich 290, 320, 340, 380. Almosen: männlich 340, 240, 290, 240, weiblich 760, 580, 510, 490. Beerdigung: männlich 92, 72, 58, 50, weiblich 77, 73, 52, 56. Waisenpflege: 95, 100, 45, 50. Die Zahl der Unterstützungsempfänger mit einheimischem Unterstützungswohnsitz ist von 830 im Jahre 1880 allmählich auf 500 im Jahre 1893 zurückgegangen.

Ursachen der Unterstützungsbedürftigkeit. Unfall: 3, 8, 8, 17. Krankheit: männlich 1180, 680, 500, 700, weiblich 1110, 1190, 780, 960. Siechtum: männlich 200, 250, 210, 290, weiblich 180, 190, 220, 190. Altersschwäche: männlich 61, 48, 42, 37, weiblich 240, 180, 150, 270.

IV. Die Gesamtausgaben betrugen: 220 000, 204 000, 189 000, 196 000. Für die offene Krankenpflege: 3400, 2800, 2700, 2800. Die Armen der Stadt erhalten auf Grund einer Stiftung freie Arznei vom Staat; die Kosten hierfür betrugen: 10 000, 9200, 4700, 5000. Geschlossene Krankenpflege: 52 000, 57 000, 65 000, 64 000. Almosen: 110 000, 81 000, 67 000, 74 000. Die Unterstützungsbeträge in barem Gelde sind für Einheimische von 91 000 im Jahre 1880—81 auf 42 000 im Jahre 1892—93 zurückgegangen. Waisenpflege: 18 000, 23 000, 19 000, 15 000. Erstattungen von Krankenkassen und Berufsgenossenschaften sind nur geringfügig gewesen.

V. Von 156 Rentenempfängern waren 13 in der Armenpflege; hiervon schieden 6 gänzlich und 7 teilweise aus. 6 fielen während des Verfahrens und 2 nach Beginn des Rentenbezugs der Armenpflege anheim.

„Die Armenverwaltung war in mehreren Fällen genötigt, an Stelle der Arbeiterversicherung zu unterstützen, weil die Versicherungsorgane nicht sofort eintraten, namentlich war dies in der ersten Zeit bei den Berufsgenossenschaften der Fall. Die Entscheidungen der Schiedsgerichte ließen oft recht lange auf sich warten. In neuerer Zeit sind der Fälle weniger geworden."

Colmar.

I. „Was die Einwirkung der socialen Gesetzgebung auf die Gesamtzahl der Armenunterstützungsfälle anbetrifft, so muß von vornherein festgestellt werden, daß dieselbe kaum bemerkbar ist, da einerseits weitaus der größte Teil der der Armenpflege zufallenden Personen nicht versicherungspflichtig ist, andererseits die Leistungen der Versicherungen in den meisten Fällen zu gering sind, als daß die Versicherten bezw. deren Familien die Armenunterstützung entbehren könnten. Auch sind die für die Armenpflege in Betracht kommenden Versicherten immer noch auf die Armenpflege angewiesen, sobald es sich nicht um sie selbst, sondern um ein Familienglied handelt . . . . Die sociale Gesetzgebung erstreckt sich eben auf solche Arbeiterklassen, die von dem der öffentlichen Armenpflege hauptsächlich zur Last fallenden Kreise von Personen denn doch sehr verschieden sind. Die Mehrzahl der Armenpflegefälle, besonders die der dauernd Unterstützten, welche die Hauptaufwendungen verlangen, beziehen sich auf Alte, Sieche, Witwen mit Kindern u. f. w., Personen, die nicht versicherungspflichtig sind. Bei den versicherungspflichtigen Unterstützten hingegen ist die Ursache der Unterstützungsbedürftigkeit meistens unzureichendes Einkommen, große Kinderzahl, Arbeitslosigkeit, Ursachen, die die bestehende sociale Gesetzgebung nicht zu beseitigen vermag. Im letzten Rechnungsjahre fielen 98 Krankenversicherungspflichtige der Armenpflege zur Last. Die Gesamtzahl der Unterstützungsfälle betrug 668. Die Armenpflege wurde von diesen Versicherten in Anspruch genommen wegen

unzureichenden Einkommens	Arbeitslosigkeit	Krankheit in der Familie	Geringfügigkeit des Krankengeldes und Aufhören der Kassenleistungen
25	17	25	31

Der Hauptkreis, auf welchen die Arbeiterversicherung sich bezieht, besteht hier wie wohl überall der großen Mehrzahl nach aus jüngeren, arbeitsfähigen Leuten, die es auch früher meistenteils zu verhindern wußten, der Armenpflege zur Last zu fallen, indem sie sich für Krankheitsfälle einen Sparpfennig hinterlegten, oder gegebenen Falls alle nicht geradezu unentbehrlichen Mobilien veräußerten, sich auch viel rascher zur Wiederaufnahme der Arbeit entschlossen als jetzt. Für diese Klasse ist die Arbeiterversicherung als eine wirkliche Wohlthat zu bezeichnen, da sie ihr den Kampf ums Dasein und die Vermeidung der Almosenpflege wesentlich erleichtert."

Im speciellen wird zugestanden, daß durch die Krankenversicherung eine kleine Erleichterung eingetreten ist, daß insbesondere bei den Bar- oder Naturalunterstützungen die Krankenversicherung „wenn auch keine sehr stark hervortretende, so doch eine fühlbare Entlastung der Armenpflege" zur Folge gehabt hat. Die Unfallversicherung hatte nur auf die Waisenpflege einen einigermaßen merkbaren Einfluß. „Immerhin ist hervorzuheben, daß bei der früheren Praxis, bei welcher Unfallrenten gewöhnlich erst nach langen Prozessen, oft auch gar nicht erreicht werden konnten, es manchmal vorgekommen ist, daß sowohl der Verletzte als dessen Angehörige zur Last des Armenrats fielen. Die bei der Beschränkung der Mittel damals oft als besondere Gnade angesehene Erlaubnis, z. B. mit einer Drehorgel sich noch sein Brot zu verdienen, ist seither ganz in Wegfall gekommen." Die Invaliditäts- und Altersversicherung hatte keinen besonders starken Einfluß auf die Finanzen der Armenverwaltung. „Es ist indessen anzunehmen, daß letztere von mancher Seite in größerem Maße in Anspruch genommen worden wäre, wenn nicht durch die, wenn auch teilweise geringen Rentenbezüge, einige Linderung in den betreffenden Verhältnissen eingetreten wäre."

II. Auf den Umfang der Armenpflege hatten in den letzten Jahren permanent Einfluß: die Höhe der Lebensmittelpreise, die jeden Winter auftretende Arbeitslosigkeit und die Verschlechterung der allgemeinen Erwerbsverhältnisse.

Vor Erlaß der Gesetze war bereits ein großer Teil der Arbeiter gegen Krankheit versichert.

III. Bevölkerung: 25 000, 25 000, 27 000, 29 000.

Gesamtzahl der Unterstützungsfälle: 870, 920, 970, 660. Offene Krankenpflege: 840, 860, 920, 570. „Die Krankenversicherung hatte auch die an sich recht gute Folge, daß die Arbeiter sich mehr an die Zuziehung ärztlicher Hilfe bei Erkrankungen in ihrer Familie gewöhnten. Für die hierdurch erwachsenden Ausgaben hatte dann die Armenpflege aufzukommen. Die durch die Versicherung der Häupter eingetretene Ersparnis wurde durch die Erweiterung des Kreises der Armenkrankenpflege somit mehr wie aufgewogen. Die Armenkrankenpflege mußte infolge der starken Inanspruchnahme seitens der Arbeiter für ihre Familien vollständig umgewandelt werden, eine Umwandlung, welche die Verdoppelung der diesbezüglichen Ausgabe im Gefolge hatte."

Geschlossene Krankenpflege: 820, 900, 1020, 1020. Almosen: männlich 61, 74, 69, 53, weiblich 124, 146, 161, 143. „Auf die Unterstützung in Bar oder Naturalien hat die sociale Gesetzgebung, wenn auch keinen

bedeutenden, doch immerhin einen merklichen Einfluß ausgeübt. Eine größere
Anzahl Familien wäre durch die Krankheit des Familienhauptes unbedingt
der Armenpflege anheimgefallen, wenn nicht die Krankenversicherung mit ihren
Leistungen eingetreten wäre."

Beerdigung: männlich 62, 44, 40, 29, weiblich 44, 57, 35, 43.
Infolge besonderer Leistungen haben den Nutzen von der Entlastung beim
Beerdigungswesen die Beerdigungsunternehmer.

Waisenpflege: im Spital 7, 15, 18, 6, im Bezirk 18, 38, 37, 32.
„Auf die Armenwaisenpflege hatte die sociale Gesetzgebung insoweit Einfluß,
als eine gewisse Anzahl Frauen, deren Männer verunglückten, durch die
Unfallrente in stand gesetzt wurden, ihre Kinder bei sich zu behalten. Das
Heruntersinken der Zahl der ins städtische Waisenhaus=(Spital) neu aufge=
nommenen Kinder (meistens Halbwaisen) im letzten Jahre auf sechs, ist jedoch
nicht sowohl diesem Umstande, als vielmehr der stärkeren Unterstützung der
Witwen mit Kindern zuzuschreiben. Es wird eben großer Wert darauf ge=
legt, daß die Kinder von ihrer Mutter selbst erzogen werden."

IV. Gesamtausgaben: 33 000, 32 000, 45 000, 69,000. Die sehr
erhebliche Steigerung ist zumeist darauf zurückzuführen, daß früher die Privat=
wohlthätigkeit das Meiste in der Armenpflege leistete, und eine eigentliche
Armenpflege gar nicht organisiert war. Das hat sich jetzt infolge einer
völligen Reorganisation der Armenpflege im Jahre 1892 geändert.

Offene Krankenpflege: 3000, 3600, 8300, 9500. Vgl. hierzu unter III
über den Einfluß der Krankenversicherung auf die Erhöhung der Ausgaben
für die Krankenpflege.

Geschlossene Krankenpflege: 123 000, 119 000, 155 000, 194 000.
Dem gegenüber stehen Erstattungen von Krankenkassen, Berufsgenossenschaften
und Versicherungsanstalten im Gesamtbetrage von: 3900, 9400, 10 600,
13 200. Der Bericht bemerkt: es darf nicht außer Acht gelassen werden,
daß die Versicherungen bei ihren erkrankten Versicherten möglichst viel auf
Spitalpflege dringen und hierdurch dem Spital auch viele Kranke zugeführt
werden, die sich sonst zu Hause hätten verpflegen lassen. Nun ist aber das
zu bezahlende Pflegegeld noch lange nicht der Ersatz des seitens des Spitals
gehabten Aufwandes und wird auch hier die aus der Versicherung erwachsende
Einnahme durch Mehrausgaben nahezu wieder aufgewogen.

Almosenpflege: 25 000, 24 000, 32 000, 38 000. Der Bericht hebt
ausdrücklich hervor, daß die durch die Krankenversicherung erzielte Er=
sparnis „zur kräftigen Unterstützung der übrigen Armenpfleglinge" verwendet
worden ist.

V. Von 126 Invaliden= und Altersrentnern waren 17 in der Armen=
pflege; hiervon schieden 5 ganz und 11 teilweise aus. Während des Ver=
fahrens fielen 4 und nach Beginn des Rentenbezuges 6 der Armenpflege an=
heim, bei der Unfallversicherung 10 während des Verfahrens und 6 nach
Beginn des Rentenbezuges. Bei der letzteren Versicherung läßt die Renten=
festsetzung öfters sehr lange auf sich warten. Die Armenpflege mußte auch
neben der Krankenversicherung wegen Geringfügigkeit des Krankengeldes und
ergänzend nach Ablauf der Krankenfürsorge eintreten (vgl. oben unter I).

Über die Leistungen aus der Arbeiterversicherung unterrichtet sich die

Armenverwaltung durch Anfragen bei den zuständigen Kassen, während bezüglich der Unfall= und Invaliditätsversicherung das die Beglaubigung der Unterschriften auf den Rentenquittungen besorgende städtische Bureau dem Armenamte die Namen jedes neuen Rentenempfängers mitteilt.

Danzig.

I. Die Invaliditäts= und Altersversicherung hat eine, wenn auch noch nicht erhebliche Entlastung des Armenbudgets herbeigeführt, die Unfallversicherung hat eine erkennbare Entlastung nicht zur Folge gehabt. Der indirekte Einfluß läßt sich nicht zahlenmäßig darstellen.

II. Arbeitslosigkeit, verbunden mit länger dauernder strengerer Kälte, Teurung der notwendigen Lebensmittel, sowie umfangreiche Arbeiterentlassungen haben die Ansprüche an die Armenpflege in einzelnen Berichtsjahren gesteigert.

III. Bevölkerung (in den ersten drei Berichtsjahren): 102 000, 108 000, 114 000.

Geschlossene Krankenpflege: 3500, 3800, 3400, 3200. Almosen: 2100, 2600, 2900, 2900. Beerdigung: 915, 814, 797, 669. Waisenpflege: 91, 83, 96, 140.

IV. Gesamtausgaben: 255 000, 294 000, 314 000, 353 000. Offene Krankenpflege: 22 000, 23 000, 25 000, 28 000. Geschlossene Krankenpflege: 166 000, 191 000, 237 000, 293 000. Almosen: 120 000, 167 000, 181 000, 209 000. Waisenpflege: 34 000, 33 000, 32 000, 37 000. Erstattungen von Krankenkassen: 964, 1517, 8606, 16 187. Ferner sind 1892 bis 1893 erstattet von Berufsgenossenschaften: 6469, von Versicherungsanstalten: 1887. Die Unfallversicherung hat zu der Vermehrung der Betten im chirurgischen Lazarett Anlaß gegeben. Der Bericht hebt hervor, daß trotz der unter II erwähnten Umstände „die Ausgaben dadurch n i c h t in einem verhältnismäßig hohen Grade gestiegen sind."

V. 111 Rentenempfänger schieden infolge der Rentenfestsetzung gänzlich und 10 teilweise aus. Nach Beginn des Rentenbezugs fielen 6 Personen der Armenpflege anheim.

Der Betrag der infolge der Festsetzung von Invaliden= und Altersrenten entzogenen Unterstützungen betrug jährlich 1891: Mark 2604, 1892: 1578, 1893: 1902.

Die Armenpflege war nicht selten bei Unfällen genötigt, an Stelle der Berufsgenossenschaften versicherte Personen zu unterstützen, wenn sich die Unterstützung durch die Genossenschaft verzögerte, zuweilen auch, weil das Vorhandensein eines Anspruchs nicht bekannt war.

Auch neben der Krankenversicherung mußte die Armenpflege in nicht wenigen Fällen wegen Geringfügigkeit des Krankengeldes, neben der Krankenhauspflege des Familienhauptes eintreten.

Von der Bewilligung der Invaliden= und Altersrenten erhält die Armenverwaltung durch die „untere Verwaltungsbehörde" Nachricht. Auch ein Teil der Berufsgenossenschaften macht Mitteilung von der Rentenbewilligung.

Dortmund.

I. Die Arbeiterversicherungsgesetze nehmen an der Verringerung der Armenpflege und deren Lasten einen wesentlichen Anteil. 10 % der Invaliden- und Altersrentner würden, wenn sie keine Rente erhielten, sicher aus öffentlichen Mitteln unterstützt werden müssen.

II. Mit Ausnahme von 1892—93 lagen günstige Erwerbsverhältnisse vor, welche zum Sinken der Armenlast mit beitrugen. Der größte Teil der Arbeiterbevölkerung war bereits vor Inkrafttreten des Krankenversicherungsgesetzes gegen Krankheit versichert.

III. Bevölkerung: 66 000, 77 000, 89 000, 96 000.

Gesamtzahl der Unterstützungsfälle: 1540, 1380, 1040, 1270. Offene Krankenpflege: 1960, 1490, 1020, 1240. Geschlossene Krankenpflege: 450, 600, 450, 630. Almosen: 780, 640, 480, 500. Beerdigung: 360, 270, 150, 170. Waisenpflege: 320, 460, 300, 320.

Ursachen der Unterstützungsbedürftigkeit bei den Almosenempfängern. Krankheit: männlich 106, 118, 64, 72, weiblich 21, 39, 66, 34. Altersschwäche: männlich 83, 9, 22, 23, weiblich 140, 124, 113, 150.

IV. Gesamtausgaben: 270 000, 250 000, 230 000, 250 000. Offene Krankenpflege: 9800, 9200, 6700, 7600. Geschlossene Krankenpflege: 31 000, 33 000, 26 000, 35 000. Almosen: 112 000, 85 000, 70 000, 77 000. Waisenpflege: 55 000, 58 000, 42 000, 42 000. Der Bericht bemerkt ausdrücklich: „Keineswegs ist am hiesigen Orte die durch die Arbeiterversicherungsgesetze herbeigeführte Entlastung des Armenbudgets zu einer Erhöhung und Verstärkung der Armenpflege-Leistungen benutzt worden."

V. Von 137 Rentenempfängern waren 8 in der öffentlichen Armenpflege; hiervon schieden 2 gänzlich und 3 teilweise aus. Während des Verfahrens fielen 4 Personen, nach Beginn des Rentenbezuges 1 Person der Armenpflege anheim.

Zu dem Krankengelde muß bei zahlreicher Familie häufig ein Unterstützungszuschuß geleistet werden. Auch nach Beendigung der Kassenfürsorge muß des öfteren die Armenpflege ergänzend eintreten.

Von der Festsetzung von Invaliden- und Altersrenten erhält der Armenverband von der Versicherungsbehörde regelmäßig Nachricht.

Düsseldorf.

I. „Die neuen Arbeiterversicherungsgesetze haben thatsächlich eine Entlastung des hiesigen Armenbudgets bezw. Verringerung der öffentlichen Armenpflege herbeigeführt. Namentlich ist in dieser Hinsicht das Krankenversicherungsgesetz zu erwähnen, welches auf die Armenpflege einen wesentlichen Einfluß ausübt."

II. Bevölkerung: 91 000, 114 000, 141 000, 152 000.

Zahl der in der geschlossenen Krankenpflege unterstützten Personen: 1200, 1000, 1200, 1600. Almosen: 970, 1060, 1420, 1560. Beerdigung: 800, 560, 500, 570. Waisenpflege: 48, 48, 53, 62.

III. Gesamtausgaben: 247 000, 282 000, 354 000, 405 000. Offene Krankenpflege: 21 900, 20 700, 22 400, 23 700. Geschlossene Krankenpflege: 95 900, 86 200, 108 000, 121 000. Almosen: 95 700, 140 000, 192 000, 225 000. Waisenpflege: 34 000, 35 000, 30 000, 35 000. Erstattungen von Krankenkassen: 188, 794, 1804, 2598. Der Bericht weist darauf hin, daß die Gemeinde zwei Pflegehäuser besitzt, in denen mehrere hundert Personen untergebracht sind, altersschwache, sieche und gebrechliche Personen, und daß die Kosten dieser Pflegehäuser in der Nachweisung unberücksichtigt geblieben sind.

„Eine Verstärkung der Armenpflegeleistungen infolge der Entlastung durch die Arbeiterversicherung hat nicht stattgefunden."

IV. Von 256 Rentenempfängern befanden sich 38 in der Armenpflege; hiervon schieden 4 teilweise aus. Während des Verfahrens fielen 2 Personen der Armenpflege anheim. Die Armenpflege mußte öfter neben und an Stelle der Arbeiterversicherung eintreten, das letztere insbesondere wegen Verzögerung der Unterstützung seitens der Unfallversicherung.

Elberfeld.

I. „Im allgemeinen bemerken wir, daß ein abmindernder Einfluß der socialen Gesetze auf die Anforderungen an die öffentliche Armenpflege unverkennbar ist . . . . Das Material der Armenverwaltung kann nur einen höchst unzulänglichen Maßstab für die Einwirkung liefern, denn alle diejenigen Fälle, in welchen die Krankenunterstützung oder die Rente die Armenunterstützung, die ohne diese Bezüge hätte eintreten müssen, abgewendet hat, bleiben dabei außer Betracht, und ohne Zweifel ist die Zahl dieser Fälle die weitaus größere . . . . Die Einwirkung dieser Gesetze auf die Armenpflege ist daher nur zu schätzen, nicht erschöpfend an den Ergebnissen der Armenpflege in Zahlen nachweisbar."

II. Zum Teil stark belastend für die Armenpflege wirkten folgende Umstände: die Erhöhung der Ausschlußsätze (durch welche die Grenze des unterstützungsbedürftigen Einkommens festgesetzt wird) um etwa 17 % im Jahre 1891, die Einbeziehung der Fürsorge für verwahrloste Kinder in die Armenpflege im Jahre 1890, Verbesserung der Verpflegungsverhältnisse der Armen und Waisen in den geschlossenen Anstalten, eine seit 1890/91 andauernde und zunehmende Stockung in den allgemeinen Erwerbsverhältnissen, insbesondere in der Textilindustrie.

Seit dem 1. Dezember 1884 ist durch Ortsstatut ein großer Personenkreis, etwa der vierte Teil sämtlicher Versicherten, in die Krankenversicherung einbezogen worden.

III. Bevölkerung (in den ersten drei Berichtsjahren): 92 000, 109 000, 125 000.

Gesamtzahl der Unterstützten: männlich 1220, 960, 930, 1200, weiblich 1440, 1240, 1350, 1440. Von der Gesamtzahl der Unterstützten entfallen auf je 100 Einwohner in den vier Berichtsjahren: 6,62. 5,17. 4,38. 5,32. Offene Krankenpflege: 350, 370, 390, 480. Geschlossene Krankenpflege: 1000, 820, 950, 1000. Almosen: männlich 770, 480, 480, 760,

weiblich 1100, 880, 990, 1070. Beerdigung: 240, 190, 150, 150.
Waisenpflege: 203, 231, 224, 211.

Es unterliegt keinem Zweifel, daß durch die Krankenversicherung er=
weiterte Einrichtungen für die geschlossene Krankenpflege notwendig geworden
sind; zwei Privat=Krankenanstalten sind bedeutend vergrößert und eine neue
errichtet worden. Die städtischen Krankenanstalten sind durch Um= und Neu=
bau bedeutend vergrößert und verbessert worden. Die Stadt hat auch für
rekonvalescente Arbeiter ein Genesungshaus errichtet, dessen Pfleglinge zum
größten Teil aus Mitgliedern der Krankenkassen bestehen.

Ursachen der Unterstützungsbedürftigkeit. Krankheit: männlich 216, 228,
191, 286, weiblich 143, 150, 206, 202. Siechtum und Altersschwäche:
männlich 278, 331, 320, 340, weiblich 404, 478, 600, 525.

IV. Gesamtausgaben: 435 000, 409 000, 468 000, 530 000. Auf
den Kopf der Bevölkerung entfallen: 4,71. 3,75. 3,72. 4,22. Der Bericht
bemerkt: daß, ungeachtet der unter II aufgeführten Umstände, diese Ergebnisse
sich fast gleich bleiben, ist unzweifelhaft dem Einflusse der Arbeiterversicherung
zuzuschreiben. Offene Krankenpflege: 12 100, 13 100, 13 800, 15 300.
Geschlossene Krankenpflege: 47 500, 41 200, 51 500, 54 300. Almosen:
283 000, 261 000, 297 000, 355 000. Waisenpflege: 91 600, 94 000,
104 000, 106 000. Über die die Ausgaben steigernden Einflüsse vgl. unter II.

V. Von 314 Rentenempfängern waren 19 in der Armenpflege; hier=
von schieden 7 gänzlich und 12 teilweise aus der Armenpflege. Nach Beginn
des Rentenbezuges fielen 5 der Armenpflege anheim.

In vereinzelten Fällen, bei der Krankenversicherung in den vier Berichts=
jahren etwa 50 mal, bei der Unfallversicherung 8 mal, mußte die Armen=
pflege vorläufig an Stelle der Arbeiterversicherung eintreten. Die Zahl der
Fälle, in welchen neben der Arbeiterversicherung die Armenpflege einzutreten
genötigt war, ist erheblicher.

Es ist Grundsatz, daß eine vorhandene Unterstützung oder Rente bei
Bemessung der Armenunterstützung als Einkommen voll in Anrechnung ge=
bracht wird.

Von der Festsetzung der Invaliden= und Altersrenten erhält die Armen=
verwaltung durch das betr. städtische Bureau amtlich Mitteilung.

Elbing.

I. Es hat „keine günstige Einwirkung der socialen Gesetzgebung auf
den Armenetat konstatiert werden können“.

II. Die Überschwemmung des Jahres 1888 hat auf die Höhe des
Armenbudgets belastend gewirkt. Ein großer Teil der Arbeiterbevölkerung
war schon vor Inkrafttreten der Zwangsversicherung gegen Krankheit versichert.

III. Es werden nur Angaben für die ersten drei Berichtsjahre gemacht.
Bevölkerung: 35 000, 38 000, 41 000.

Gesamtzahl der Unterstützten: 1200, 1280, 1390. Offene Kranken=
pflege: 370, 360, 430. Geschlossene Krankenpflege: 390, 380, 360. Al=
mosen: 1210, 1230, 1400. Beerdigung: 78, 69, 75. Waisenpflege: 107,
104, 110.

Ursachen der Unterstützungsbedürftigkeit. Krankheit: männlich 144, 147, 191, weiblich 233, 220, 246. Siechtum: männlich 55, 64, 68, weiblich 85, 100, 67. Altersschwäche: männlich 94, 100, 120, weiblich 312, 327, 338.

IV. Gesamtausgaben: 92 000, 95 000, 105 000. Offene Krankenpflege: 71 900, 77 200, 89 400. Geschlossene Krankenpflege: 21 400, 23 100, 22 900. Almosen (einschließlich der Ausgaben für die offene Krankenpflege): 78 300, 83 700, 95 900. Waisenpflege: 14 500, 14 500, 14 400.

V. Von 196 Rentenempfängern waren 14 in der Armenpflege, welche in derselben verblieben. „Fälle, wonach die Armenpflege genötigt war, an Stelle oder neben der Arbeiterversicherung die Versicherten zu unterstützen, sind nur sehr vereinzelt vorgekommen."

Von der Festsetzung der Invaliden= und Altersrenten wird amtlich Mitteilung gemacht.

Erfurt.

I. „Ein wohlthätiger Einfluß der Arbeiterversicherung auf die Verhält= nisse der arbeitenden Klassen ist unleugbar."

II. Mit dem 1. April 1893 ist das Elberfelder System eingeführt worden.

Im Etatsjahr 1892—93 herrschte ein großer Arbeitsmangel. Die ungemein hohen Lebensmittelpreise erstreckten ihren nachteiligen Einfluß be= sonders auf die unteren Bevölkerungsschichten. Zur teilweisen Linderung der Arbeitslosigkeit wurden Notstandsarbeiten in Angriff genommen mit einer Aufwendung von ca. 30 000 Mark, wodurch den männlichen Personen aus= reichender Verdienst verschafft wurde; die weiblichen Arbeitslosen blieben auf die Armenpflege angewiesen.

Ein großer Teil der Arbeiterbevölkerung war bereits vor Inkrafttreten des Krankenversicherungsgesetzes gegen Krankheit versichert, ebenso ein Teil gegen Unfall.

III. Bevölkerung: 50 000, 56 000, 70 000, 70 000.

Gesamtzahl der Unterstützten: männlich 281, 289, 352, 444, weiblich 995, 1044, 1179, 1287. Offene Krankenpflege: 830, 650, 660, 640. Geschlossene Krankenpflege: 780, 500, 400, 550. Almosen: männlich 381, 248, 291, 372, weiblich 995, 1003, 1150, 1221. Beerdigung: 190, 130, 120, 160. Waisenpflege: 80, 66, 42, 56.

Ursachen der Unterstützungsbedürftigkeit. Unfall: 182, 241, 245, 274. Krankheit: männlich 119, 75, 69, 118, weiblich 227, 275, 389, 364. Siechtum: männlich 64, 40, 63, 76, weiblich 42, 67, 80, 83. Alters= schwäche: männlich 98, 57, 65, 70, weiblich 157, 240, 290, 249.

IV. Gesamtausgaben: 80 000, 83 000, 101 000, 119 000. Offene Krankenpflege: 5000, 5100, 6700, 7500. Geschlossene Krankenpflege: 29 000, 41 000, 43 000, 49 000. Almosen: 66 000, 83 000, 99 000, 117 000. Im Durchschnitt hat eine Person an laufender Unterstützung erhalten: 52,30. 67,00. 69,37. 73,50. „Hieraus geht hervor, daß die Fürsorge für die Armen der Stadt mit jedem Jahre eine ausgiebigere geworden ist."

Waisenpflege: 3700, 3200, 4100, 3600. Erstattungen von Krankenkassen: 2800, 10 600, 8900, 9700.

V. Von 182 Invaliden= und Altersrentnern waren 36 in der Armen=pflege; hiervon schieden 14 gänzlich und 22 teilweise aus. Während des Verfahrens fielen 5, nach Beginn des Rentenbezuges 3 der Armenpflege an=heim. Die betreffenden Zahlen bei der Unfallversicherung sind: 251, 7, 4, 3, 9, 6. Bei Verpflegung des Familienhauptes im Krankenhause mußte die Armenpflege neben der Krankenversicherung sehr oft eintreten, ebenso bei Beendigung der Kassenfürsorge.

Frankfurt a. O.

I. „Es kann nicht in Abrede gestellt werden, daß die neuen Gesetze eine Entlastung der Armenpflege herbeigeführt haben, trotzdem aber ist eine Verminderung der für die Armenunterstützungen bestimmten Mittel nicht ein=getreten, da andererseits die Zahl der neuen Unterstützungsanträge stets im Steigen begriffen ist."

II. Seit 1887 ist das Elberfelder System eingeführt; „wir können aber nicht behaupten, daß hierdurch eine Be= oder Entlastung der Kommune eingetreten ist."

Zeitweise ist infolge erhöhter Lebensmittelpreise und Arbeitslosigkeit, auch infolge von epidemischer Influenza (1892) eine stärkere Belastung des Armenfonds eingetreten. Der größte Teil der Arbeiterbevölkerung war bereits gegen Krankheit versichert.

III. Bevölkerung: 51 000, 54 000, 55 000.

Gesamtzahl der Unterstützten: männlich 163, 165, 151, 185, weiblich 644, 678, 712, 896. Geschlossene Krankenpflege: 430, 450, 450, 510. Almosen: 1240, 1290, 1320, 1590. Beerdigung: 110, 88, 56, 63. Waisenpflege: 74, 59, 69, 142.

IV. Gesamtausgaben: 137 000, 153 000, 150 000, 173 000. Offene Krankenpflege: 8200, 9700, 7900, 7900. Geschlossene Krankenpflege: 65 000, 72 000, 74 000, 90 000. Almosen: 34 000, 42 000, 43 000, 45 000. Waisenpflege: 29 000, 29 000, 25 000, 33 000. Erstattungen von Kranken=kassen in den letzten drei Berichtsjahren: 9300, 9400, 11 500; von Berufs=genossenschaften: 870, 1130, 1620.

„Eine Erhöhung resp. Verstärkung der einzelnen Armenpflegeleistungen infolge der durch die Rentenbewilligungen in Wegfall gekommenen Unter=stützungen hat nicht stattgefunden."

V. Von 275 (130) Rentenempfängern waren 67 (12) in der Armen=pflege; hiervon schieden 48 (12) gänzlich und 5 teilweise aus. Während des Verfahrens fielen 7 (12), nach Beginn des Rentenbezuges 7 (3) der Armen=pflege anheim. (Die eingeklammerten Zahlen beziehen sich auf die Unfall=renten.)

Die Armenpflege muß öfter vorläufig an Stelle der Arbeiterversicherung eintreten, weil sich die Rentenfestsetzungen 3—4 Monate und länger ver=zögern. „Auch nach Festsetzung der Rente muß in vielen Fällen die Armen=unterstützung (sei es in bar, sei es in freier Arznei und ärztlicher Behandlung) weiter geführt werden, weil die Renten zu gering bemessen sind." Auch muß öfter nach Beendigung der Kassenfürsorge (13 Wochen) bis zur Anerkennung der Rente die Familie des Unfallverletzten unterstützt werden.

Die Armenverwaltung läßt sich von den Polizeirevieren Listen der bei ihnen zur Beglaubigung ihrer Rentenquittungen erschienenen Rentenempfänger anfertigen.

Halle.

I. „Der segensreiche Einfluß der Arbeiterversicherung auf die Armenpflege kann nicht verkannt werden. Die Leistungen der gedachten Versicherung sind der Armenpflege in vielen Fällen zugute gekommen, und es muß als feststehend gelten, daß infolgedessen eine gewisse Entlastung der Armenpflege eingetreten ist. Eine Verringerung der Armenpflege und des Armenbudgets ist durch diese Entlastung freilich nicht herbeigeführt worden. Im Gegenteil haben sich nach Inkrafttreten der socialpolitischen Gesetze die Ausgaben für öffentliche Armenzwecke fortgesetzt wesentlich gesteigert".

II. Verschiedene wesentliche Änderungen in der Organisation der Armenpflege seit 1880, insbesondere die scharfe Durchführung des Elberfelder Systems seit 1885, die Herstellung einer geregelten Verbindung mit der Privatwohlthätigkeit, haben eine größere Intensität der Armenpflege zur Folge gehabt.

Der größte Teil der Arbeiterbevölkerung war bereits gegen Krankheit versichert.

III. Bevölkerung: (in den ersten drei Berichtsjahren) 71 000, 81 000, 101 000.

Gesamtzahl der Unterstützten: männlich 203, 212, 212, 253, weiblich 638, 780, 871, 981. Geschlossene Krankenpflege: männlich 819, 311, 596, 681, weiblich 234, 244, 386, 551. Almosen: männlich 195, 194, 200, 248, weiblich 630, 746, 850, 966. Beerdigung: 45, 95, 112, 119. Waisenpflege: 35, 55, 65, 89.

Ursachen der Unterstützungsbedürftigkeit. Unfall: 1, 4, 2. Krankheit. männlich 77, 122, 74, 100, weiblich, 126, 202, 191, 188. Siechtum: männlich 38, 34, 39, 26, weiblich 43, 51, 63, 48. Altersschwäche: männlich 31, 39, 68, 104, weiblich 84, 238, 300, 272.

IV. Gesamtausgaben: 137 000, 192 000, 232 000, 286 000.

Offene Krankenpflege: 36 000, 36 000, 36 000, 80 000. Geschlossene Krankenpflege: 24 000, 59 000, 77 000, 95 000. Almosen: 94 000, 114 000, 128 000, 169 000. Waisenpflege: 9300, 12 300, 17 200, 23 700. Erstattungen von Krankenkassen in den letzten drei Berichtsjahren: 1200, 4300, 3600. Von Berufsgenossenschaften in den letzten zwei Berichtsjahren: 640, 1290.

„Die Ursachen des andauernden Anwachsens des Armenbudgets sind einerseits in der rapiden Bevölkerungszunahme, andererseits in der seit Jahren anhaltenden wirtschaftlichen Depression und ihren Folgezuständen, dann aber auch in einer größeren Intensität der Armenpflege zu suchen. Die hiesige Stadt hat, wie alle größeren Städte, unter dem starken Zuzug der Arbeiterbevölkerung zu leiden gehabt, durch welchen die Armut im allgemeinen vermehrt und namentlich im Winter eine Verstärkung des Kontingents der Arbeitslosen herbeigeführt worden ist."

V. Von 304 Rentenempfängern befinden sich 38 in der Armenpflege; hiervon schieden 16 gänzlich, 13 teilweise aus. Während des Verfahrens fielen 14, nach Beginn des Rentenbezugs 6 der Armenpflege anheim.

„Vielfach war die Armenpflege genötigt, an Stelle der Arbeiterversicherung versicherte Personen vorläufig zu unterstützen, in den meisten Fällen, weil sich die Unterstützung der Arbeiterversicherung verzögerte, dann auch, weil die Organe der letzteren die Gewährung der Unterstützung verweigerten. Auch durch Leistung von Zuschüssen zum Krankengelde, durch Fortgewährung von Krankenpflege nach Ablauf der Unterstützungspflicht der Krankenkassen, endlich auch wegen verweigerter Krankenhauspflege durch Leistung derselben, mußte die Armenpflege für versicherte Personen Unterstützung gewähren."

Von den bewilligten Invaliden- und Altersrenten erhält die Verwaltung amtlich Mitteilung. Im übrigen werden etwaige Ansprüche durch Vernehmung der Unterstützten festgestellt.

Hannover.

I. „Eine Entlastung der Armenpflege ist durch die Arbeiterversicherung unzweifelhaft herbeigeführt und zwar im erheblichsten Maße durch die Krankenversicherung. . . . Die Zahl der Unterstützten ist, soweit es sich übersehen läßt, im Verhältnis zur Einwohnerzahl auch nach Einführung der Versicherungsgesetze dieselbe geblieben, sie würde aber unzweifelhaft infolge des in den letzten Jahren stattgehabten Zuzugs ärmerer bezw. völlig vermögensloser Bevölkerungsklassen und der vielfach eingetretenen Arbeitslosigkeit derselben ohne Einführung dieser Gesetze sich bedeutend erhöht haben."

II. Bevölkerung: 121 000, 139 000, 174 000, 202 000.

Gesamtausgaben: 201 000, 520 000, 546 000, 651 000. Offene Krankenpflege: 26 000, 184 000, 142 000, 176 000. Geschlossene Krankenpflege: 38 000, 191 000, 227 000, 292 000. Almosen: 78 000 78 000, 83 000, 84 000. Waisenpflege: 47 000, 50 000, 56 000, 52 000. Erstattungen der Arbeiterversicherung: 17 600, 65 800, 57 800, 76 700. „Bei Gewährung der Armenunterstützung ist bisher auch nach Einführung der Versicherungsgesetze stets nach denselben Grundsätzen verfahren, als vor derselben."

III. „Die Armenpflege ist häufig ergänzend neben den Leistungen der Arbeiterversicherung und auch oft vorläufig an Stelle derselben eingetreten. Nicht selten wurden Empfänger von Unfallrenten, weil die Entscheidung über die Höhe dieser Renten sehr lange auf sich warten ließ, unterstützt, nachdem sie sich zur Erstattung der erhaltenen Unterstützung verpflichtet hatten. In vielen Fällen waren Kranke nach Beendigung der Kassenfürsorge in die Armenpflege zu übernehmen. Angehörige von in Anstalten verpflegten Kranken fielen häufig der Armenpflege zur Last. Empfänger von Unfall-, Alters- und Invalidenrenten wurden in mehreren Fällen aus Armenmitteln unterstützt. In den meisten dieser Fälle wurde die Rente des Betreffenden der Armenkasse eingezahlt und diesem dafür voller Unterhalt gewährt. Dies

geschah größtenteils auf Wunsch des Unterstützungsbedürftigen und zwar des=
halb, weil derselbe, alleinstehend und in vorgerückten Lebensjahren befindlich,
nicht imstande war, von dem geringen Betrage der ihm zustehenden Rente
seinen Lebensunterhalt zu bestreiten."

Hanau.

I. „Zweifellos ist die öffentliche Armenpflege durch die Kranken=, Un=
fall=, Invaliditäts= und Altersversicherung entlastet worden. . . . Es steht
ferner fest, daß von denjenigen Personen, welche Unfall= oder Invaliden= bezw.
Altersrente beziehen, wenn nicht die meisten, so doch sehr viele der öffentlichen
Armenpflege zur Last fallen würden."

II. Bevölkerung 1885: 24 300, 1890: 25 000. Die Gesamtzahl der
unterstützten Personen ist von 1565 im Jahre 1882 allmählich auf 1182
im Jahre 1893 zurückgegangen.

III. Der Gesamtaufwand für die öffentliche Armenpflege ist von 78 000
Mark im Jahre 1883/84 auf 68 000 Mark im Jahre 1893/94 zurück=
gegangen.

„In den letzten Jahren tritt bei den Bewilligungen von Armenunter=
stützungen seitens der Armenkommissionen die Neigung zu Tage, reichlichere
Unterstützung zu gewähren als früher."

IV. Im Laufe der Jahre ist es vielfach vorgekommen, daß die Armen=
pflege nach Ablauf der Kassenleistungen oder für Angehörige des erkrankten
Versicherten oder wegen unzulänglicher Krankenunterstützung eintreten mußte.

Kaiserslautern.

I. „ . . . Von einer entlastenden Einwirkung des Invaliditäts= und
Altersversicherungsgesetzes ist nichts wahrzunehmen. Inwieweit ein solcher
Einfluß von den Unfall= und Krankenversicherungsgesetzen ausgeübt wurde und
noch wird, vermag . . . auf lediglich statistischem Gebiet nicht nachgewiesen
und in anderer Weise nur angenommen, aber nicht vollständig belegt zu werden.
Hier ist es Thatsache, daß die Ausgaben der Armenpflege von der Zeit kurz
vor Einführung des Krankenversicherungsgesetzes während 9 Jahre hindurch
weder gestiegen noch gefallen sind. Wenn hieraus nun gefolgert werden
wollte, in dem Verbleiben auf der gleichen Zuschußsumme bei wachsender
Bevölkerung, liege schon eine Minderung der Lasten, so möchte dem entgegen=
gehalten werden, daß diese Minderung in erster Linie der fortgesetzten scharfen
Kontrolle zuzuschreiben sein wird. (Vergl. unter II.) Allein, damit soll
nicht jeder Einfluß des Krankenversicherungsgesetzes bestritten werden. Nach
meinen allgemeinen Wahrnehmungen ist ein solcher wohl vorhanden, doch nur
in solch minimaler Weise, daß von einer entlastenden Folge entweder gar
nicht, oder nur in der unbedeutendsten Weise die Rede sein kann. Jene
Leute, die der Armenpflege früher zur Last lagen, liegen ihr auch heute noch
zur Last und jene, die von der heutigen socialen Fürsorge getroffen werden,
haben auch früher niemals zu der die Armenpflege in Anspruch nehmenden
Kategorie von Leuten gehört."

II. Im Jahre 1883 wurde eine gründliche Revision der Verhältnisse aller Unterstützten vorgenommen, die den Wegfall sehr vieler Unterstützten zur Folge hatte.

Ein für die Armenpflege ungünstiges Jahr war das Jahr 1890 mit seiner Influenzaepidemie und den nachteiligen allgemeinen Folgen derselben.

Ein großer Teil der Arbeiterbevölkerung war bereits gegen Krankheit versichert.

III. Bevölkerung in den ersten drei Berichtsjahren: 26 000, 31 000, 37 000.

Gesamtzahl der Unterstützten: 1280, 1010, 1170, 1050. Geschlossene Krankenpflege: 62, 65, 96, 99. Almosen: 760, 650, 1070, 950. Beerbigung: 20, 22, 52, 69. Waisenpflege: 19, 21, 15, 27.

IV. Gesamtausgaben in den letzten drei Berichtsjahren: 22 000, 24 000, 27 000. Offene Krankenpflege: 740, 1100, 1900. Geschlossene Krankenpflege: 2200, 2300, 2700. Almosen: 12 600, 12 600, 11 900. Waisenpflege: 4100, 4900, 5400.

V. Von 94 Rentenempfänger waren 11 in der Armenpflege; hiervon schieden 8 gänzlich aus. Während des Verfahrens fiel 1, nach Beginn des Rentenbezugs fielen 7 Personen der Armenpflege zur Last.

Vorläufig, an Stelle oder neben der Arbeiterversicherung brauchte die Armenpflege fast garnicht einzutreten, nur etwa fünfmal im Jahre ergänzend nach Beendigung der Kassenfürsorge.

Karlsruhe.

I. „Wenn wir auch noch berücksichtigen, daß die Zunahme der Bevölkerung auch eine Zunahme der Armenlasten mit sich bringt, so darf doch noch angenommen werden, daß durch die Summen, welche durch die sociale Gesetzgebung der ärmeren Bevölkerung zufließen, die Armenpflege nur wenig entlastet wird, weil derselben wieder höhere Ausgaben in der Armenpflege gegenüberstehen." Es wird anerkannt, daß die Armenpflege durch die Rentenbewilligungen „nicht unwesentlich entlastet" worden ist. Ziffernmäßig wird diese Entlastung auf 1900 Mark geschätzt. (Vgl. unter IV.)

II. Die Zahl der Unterstützten ist von 1927 im Jahre 1879 auf 2343 im Jahre 1893 gestiegen.

III. In den Jahren 1879—93 sind nur die ständigen Geldunterstützungen von 38 000 Mark auf 29 000 Mark zurückgegangen, „weil seit längerer Zeit nur ältere arbeitsunfähige oder in ihrer Erwerbsfähigkeit beschränkte Personen ständige Geldunterstützung erhielten. Jüngere arbeitsfähige Personen werden in Notfällen nur mit Naturalien unterstützt." Alle übrigen Positionen sind gewachsen, die Gesamtausgaben von 121 000 auf 173 000, die Ausgaben für Krankenhauspflege von 21 000 auf 26 000.

Der Bericht hebt hervor, „daß durch die Krankenversicherung die Ansprüche der nicht versicherten Armen an Verpflegung und ärztliche Hilfe enorm gewachsen sind, und der Armenaufwand in fortwährendem Zunehmen begriffen ist."

IV. Von 193 Unfallrentenempfängern erhielten 24 Perfonen Armen-
unterftützung, 3 dauernd und 21 vorübergehend. Von 104 Altersrentnern
mußten 26 Perfonen „wegen hohen Alters und Erwerbsunfähigkeit ftändig
und vorübergehend unterftützt werden." Von 49 Invalidenrentnern wurden
15 wegen Krankheit und Erwerbsunfähigkeit dauernd und vorübergehend
unterftützt.

Kempten.

I. „Wenn fich die Laften der Armenpflege auch nicht vermindert haben,
fo ift ein aus der Verficherungsgefetzgebung entfpringender, der Armenpflege
günftiger Erfolg nicht zu verkennen und ift derfelbe darin zu erblicken, daß
die Laften der Armenpflege trotz zunehmender Bevölkerung und der Vermehrung der Bedürftigen fich wenigftens nicht noch höher gefteigert haben.
Die Ausgaben, welche für verunglückte, arbeitsunfähige und altersfchwache
Leute zu machen gewefen wären, hätten eine beträchtliche, unter dem Gefamtaufwand fich nicht verlierende Summe ausmachen müffen." Nach Schätzungen
wird bezüglich der Wirkungen der Krankenverficherung angenommen, daß
wohl in mehr als der Hälfte von Unterftützungsfällen ohne das Beftehen der
Verficherung die Armenpflege hätte eingreifen müffen. Doch ift hierbei zu
beachten, daß der größte Teil der Arbeiterbevölkerung bereits lange Zeit vor
Inkrafttreten des Krankenverficherungsgefetzes verfichert war. Betreffs der
Unfallverficherung wird angenommen, daß von 14 Unfallentfchädigten 7 ficher
und 7 vielleicht die Armenpflege hätten in Anfpruch nehmen müffen. Von
20 Invalidenrentnern würden 18, von 17 Altersrentnern 10 ficher und 4
wahrfcheinlich die Armenpflege haben in Anfpruch nehmen müffen.

II. „Die Zahl der von der Armenpflege unterftützten Perfonen hat feit
mehreren Jahren nicht zu-, fondern eher abgenommen, indeffen ift dies nicht
auf die Wirkung der Verficherungsgefetze zurückzuführen, fondern auf den zu-
fälligen Umftand, daß die zu verforgenden jugendlichen Perfonen
allmählich kleiner geworden ift. Hier äußern auch Leiftungen von Wohl-
thätigkeitsftiftungen fowie Privatwohlthätigkeit ihre Wirkung."

III. Der Gefamtaufwand für Unterftützungen hat fich feit 1888 um etwa
12—15000 Mark gefteigert, „woraus hervorgeht, daß die Bedürftigkeit an
Intenfität zugenommen hat." „Einer Geneigtheit, die Unterftützungen
reichlicher zu bemeffen als früher, ift diefer Mehraufwand keinesfalls zu-
zufchreiben."

IV. An Stelle oder neben der Arbeiterverficherung brauchte die Armenpflege nur in etwas erheblicher Weife bei der Invaliditäts- und Altersver-
ficherung einzutreten. 11 Rentenempfänger mußten unterftützt werden und
zwar 5 durch Geld oder Naturalien und 6 durch Aufnahme in Anftalten
gegen Einziehung der Renten.

Köln.

I. Am 1. April 1888 erfolgte die Eingemeindung der Vororte, wodurch die Bevölkerungszahl um etwa 100000 Einwohner vermehrt wurde.
Im Jahre 1888 wurde durch Decentralifation der Armenpflege eine durch-

greifende Organisationsänderung bewirkt. Es wurde dadurch eine Herab=
minderung der Unterstützungsfälle und ein Zurückgehen der Gesamtausgaben
verursacht. Von 1885 an trat infolge der Stadterweiterung und großer
öffentlicher Bauten vermehrte Arbeitsgelegenheit ein, die aber zweifelsohne
durch den Zufluß auswärtiger Arbeiter ausgeglichen sein wird.

II. Bevölkerung: 208 000, 236 000. 269 000, 292 000.

Gesamtzahl der Unterstützten: 7400, 8200, 7700, 9400. Geschlossene
Krankenpflege: 3600, 3300, 3400, 4800. Almosen: 3500, 4500, 3800,
4100. Beerdigung: 1850, 1800, 1870, 2030. Waisenpflege: 267, 324,
422, 486.

Die Arbeiterversicherung hat zur Vermehrung der Krankenhausein=
einrichtungen „zweifelsohne" Anlaß gegeben.

III. Gesamtausgaben: 1 171 000, 1 316 000, 1 540 000, 1 730 000.
Offene Krankenpflege: 42 400, 42 000, 53 600, 56 200. Geschlossene Kranken=
pflege: 513 000, 596 000, 819 000, 960 000. Almosen: 438 000, 508 000,
486 000, 531 000. Waisenpflege: 175 000, 169 000, 181 000, 184 000.
Erstattungen: 1890/91: 83 000, 1892/93: 104 000.

IV. „Die Fälle, in welchen die Armenpflege an Stelle der Kranken=
versicherung einzuschreiten genötigt war, waren sehr zahlreich, namentlich weil
einige große Ortskrankenkassen sehr mangelhaft geleitet wurden". Es handelt
sich hier namentlich um Ablehnung von Krankenhauspflege in Fällen, wo
dieselbe notwendig war.

„Auch gegenüber den Unfallberufsgenossenschaften ist die Klage zu er=
heben, daß das Feststellungsverfahren häufig zu lange währt, so daß vorläufig
im Wege der Armenpflege für infolge Unfalls hilfsbedürftig gewordene Ar=
beiter gesorgt werden mußte." Die Armenpflege war öfter genötigt, wegen
Unzulänglichkeit der Leistungen neben der Arbeiterversicherung einzutreten.

Von bewilligter Invaliden= und Altersrenten erhält die Verwaltung
amtlich Mitteilung.

Magdeburg.

I. Im Jahre 1882 trat eine durchgreifende Organisationsänderung in
der Armenverwaltung ein; inwieweit dieselbe belastend oder entlastend ein=
gewirkt hat, läßt sich nicht angeben. In den Jahren 1886 und 1887
wurden die Vorstädte Neustadt und Buckau einverleibt, wodurch die ärmere
Bevölkerung einen bedeutenden Zuwachs erhalten hat.

Die anhaltenden Winter 1891/92, 1892/93 und 1893/94, die enorm
hohen Korn= und Mehlpreise im Jahre 1891/92, sowie die seit mehreren Jahren
sehr ungünstigen Arbeitsverhältnisse gaben in den drei Wintern zu Veran=
staltungen von Notstandsarbeiten Veranlassung; hierfür wurden verausgabt:
Mark 97 000, 52 000, 22 000.

II. Bevölkerung: 91 000, 107 000, 195 000, 208 000.

Gesamtzahl der Unterstützten: 4200, 4500, 4700, 6500. Offene
Krankenpflege: 3000, 2800, 3200, 4700. Geschlossene Krankenpflege: 900,
1100, 1700, 2000. Almosen: 1000, 1100, 2000, 2300. Beerdigung:
männlich 42, 51, 66, 62, weiblich: 35, 48, 81, 79. Waisenpflege: 49,
64, 75, 72.

Die Zahl der Verpflegungstage in den kommunalen Krankenanstalten hat sich in der Zeit von 1880 bis 1893/94 verdoppelt, die auf die Mitglieder der Krankenkassen entfallenden Verpflegungstage haben sich in dieser Zeit verzehnfacht. Da die Kommune den Krankenkassen nicht den vollen Selbst= kostenpreis in Rechnung stellt, (1,50 Mark gegen 2,13 Mark) so ist die Stadt durch die Krankenversicherung erheblich belastet. Diese Belastung betrug in den letzten Jahren durchschnittlich 40 000 Mark.

Ursachen der Unterstützungsbedürftigkeit. Unfall: männlich 24, 18, 30, 29, weiblich 3, 5, 3, 5. Krankheit und Siechtum: männlich 802, 834, 1025, 1533, weiblich 589, 585, 866, 1037. Altersschwäche: männlich 103, 101, 109, 92, weiblich 426, 459, 484, 449.

III. Gesamtausgaben: 328 000, 264 000, 688 000, 720 000. Offene Krankenpflege: 7700, 5500, 10 100, 25 100. Geschlossene Krankenpflege: 85 000, 88 000, 185 000, 262 000. Almosen: 88 000, 83 000, 192 000, 232 000. Waisenpflege: 26 000, 29 000, 45 000, 38 000. Erstattungen von Krankenkassen: 20 000, 110 000, 109 000, 126 000. Von Berufs= genossenschaften in den letzten drei Berichtsjahren: 2300, 8700, 9800. (Vgl. auch unter II.)

IV. Von 216 Rentenempfängern befanden sich 37 in der Armenpflege, hiervon schieden 33 gänzlich und 1 teilweise aus. Während des Verfahrens fielen 15 Personen der Armenpflege zur Last.

Die Armenpflege war vielfach genötigt, vorläufig an Stelle der Berufs= genossenschaften einzutreten, weil sich die Feststellung der Rente verzögerte und zwar: 1891/92 in 6 Fällen, 1892/93 in 6 Fällen, 1893/94 in 3 Fällen. Auch neben der Krankenversicherung mußte die Armenpflege eintreten, wegen Unzulänglichkeit der Unterstützung für die Versicherten bezw. die Familienan= gehörigen, namentlich bei Aufnahme des Familienhauptes in eine Kranken= anstalt. Neben der Unfallrente werden zur Zeit noch 3 Personen, neben der Altersrente noch 2 Personen unterstützt. „Daß eine Rente, welche an Almosen= empfänger gezahlt wird, nicht zu unserer Kenntnis gebracht würde, ist bei der Organisation der Armenpflege nicht möglich."

Mainz.

I. „Nach den von uns in den letzten Jahren gemachten Wahrnehmungen kann es keinem Zweifel unterliegen, daß durch die neuere sociale Gesetzgebung eine wesentliche Entlastung der Armenpflege stattgefunden hat. Ein statistischer Nachweis läßt sich hierfür zwar nicht erbringen, es läßt sich die behauptete Thatsache aber durch die in der Anlage enthaltenen Zahlen indirekt darthun, wenngleich das stete Anwachsen des Armenbudgets sowohl nach Anzahl der unterstützten Personen, als nach Umfang der Leistungen unsere Behauptung eher zu widerlegen, als zu bekräftigen scheint. Das Steigen der Ausgaben beruht indessen auf dem erklärlichen Umstand, daß die Armenpflege — viel= leicht gerade unter dem Einflusse der socialen Gesetzgebung — von Jahr zu Jahr viel liberaler und allgemeiner ausgeübt wird und auch in viel ge= steigertem Maße in Anspruch genommen zu werden pflegt, als dies bei der Auffassung und Begrenzung der früheren bürgerlichen Einrichtungen der Fall war. Außerdem sind die höheren Leistungen der Armenpflege zum Teil auf die eingetretene Verteuerung der notwendigen Lebensmittel zurückzuführen. . . . Es würde sich die Einwirkung der Socialgesetzgebung zweifellos noch mehr offenbaren, wenn dieselbe im Sommer, wie im Winter die gleiche wäre. Das ist aber nicht der Fall, da im Winter viele Arbeiter infolge des naturgemäß in der kalten Jahreszeit eintretenden Arbeitsmangels aus den Versicherungsverhältnissen ausscheiden und alsdann bei eintretender Krankheit der Armenpflege zur Last fallen."

II. Es sind nur Zahlen für die Jahre 1890/91 und 1892/93 gegeben. Es wird hervorgehoben die Minderung der Fälle, in denen Krankheit die Ursache der Unterstützungsbedürftigkeit war, von 495 auf 391: „Dieser Rückgang muß umsomehr dem Einflusse der Arbeiterschutzgesetze zugeschrieben werden, als die örtlichen Gesundheitsverhältnisse in den letzten Jahren im großen und ganzen dieselben geblieben sind".

Auch der Rückgang der auf die Armenbeerdigungen sich beziehenden Zahlen wird „bei der stets anwachsenden Zahl der Bevölkerung nur der Wirkung des Krankenkassenzwanges" zugeschrieben.

Eine bedeutende Vermehrung der Krankenräume wird dem Einflusse der Arbeiterversicherungsgesetze zugeschrieben, „da jetzt vielfach Kranke im Hospitale behandelt werden, die auf Grund des § 7 des Gesetzes diesem überwiesen werden, die sich aber ohne diesen Zwang wahrscheinlich in ihrer Wohnung verpflegen lassen würden."

III. Zeitweise wurde neben den Rentenbezügen die Bewilligung von Mietbeträgen erforderlich. In manchen Fällen, insbesondere bei chronisch gewordenen Krankheiten, mußte die Armenpflege nach Beendigung der Kassenfürsorge eintreten.

Mannheim.

I. In dem Jahresbericht für 1890 der „Armen- und Krankenkommission" findet sich auf S. 11 am Schlusse eine Übersicht über die Zuschüsse der Stadtkasse zur Armenverwaltung in den Jahren 1886 bis 1890, die Bemerkung: „Wie die vorstehenden Zahlen beweisen, haben die Bedürfnisse für das Armenwesen in den letzten Jahren trotz der stark zunehmenden Bevölkerung nicht zugenommen, was hauptsächlich dem Einfluß, welchen die Arbeiterversicherungsgesetze auf dasselbe ausüben, zu verdanken ist". Nach dieser Übersicht betrug der Zuschuß vom Jahre 1886 bei einer Einwohnerzahl von 61 219, 210 100 Mark, im Jahre 1890 bei einer Einwohnerzahl von 79 044, 207 500 Mark.

II. Bevölkerung: 53 000, 61 000, 79 000, 88 000.

Gesamtzahl der Unterstützten in den letzten drei Berichtsjahren: 1482, 2108, 2733. Offene Krankenpflege: 230, 440, 640. Geschlossene Krankenpflege: 240, 350, 420. Almosen: 1000, 1200, 1200. Beerdigungen: 130, 150, 230. Waisenpflege: 198, 227, 256.

Ursachen der Unterstützungsbedürftigkeit: Unfall 12, 13, 25. Krankheit: 250, 479 (männlich 228, weiblich 151), 432 (männlich 226, weiblich 206). Siechtum: 107, 134 (männlich 77, weiblich 57), 147 (männlich 67, weiblich 80). Altersschwäche: 165, 247, 185.

III. Gesamtausgaben: 173 000, 229 000, 253 000, 298 000. Offene Krankenpflege: 13 000, 10 000, 11 000, 12 000. Geschlossene Krankenpflege: 48 000, 65 000, 67 000, 97 000. Almosen: 50 000, 57 000, 68 000, 75 000. Waisenpflege: 40 000, 43 000, 52 000, 56 000 (vgl. auch unter I).

Metz.

I. „Was die Einwirkung . . . auf die Gesamtzahl der Unterstützungs=fälle anbelangt, so konnte seit Inkrafttreten der Gesetze eine Minderung der verabreichten Unterstützungen hierselbst nicht konstatiert werden, da die zuge=billigten Rentenbeträge zum Lebensunterhalte nicht ausreichen.“

II. Die Erhöhung der Lebensmittelpreise, insbesondere der Brotpreise hat auf den Umfang der öffentlichen Armenpflegethätigkeit und damit auf die Höhe des Armenbudgets Einfluß gehabt.

III. Bevölkerung: 43 000, 42 000, 44 000, 45 000.

Gesamtzahl der Unterstützten: 1500, 1380, 1350, 1380. Geschlossene Krankenpflege: 1700, 1580, 1460, 1800. Almosen: 1970, 1850, 1830, 1850. Beerdigungen: 500, 460, 300, 430.

IV. Gesamtausgaben: 105 900, 105 400, 119 200, 123 300. Offene Krankenpflege: 13 300, 12 100, 12 200, 12 900. Geschlossene Krankenpflege: 37 700, 47 300, 53 500, 55 600. Almosen: 54 700, 45 900, 53 300, 54 600.

V. Von 170 Rentenempfängern waren 110 in der Armenpflege und verblieben daselbst auch nach der Rentenfestsetzung.

„In vielen Fällen war die Armenpflege genötigt, neben der Arbeiter=versicherung die Versicherten zu unterstützen.“ Auch vorläufig an Stelle der Arbeiterversicherung mußte die Armenpflege eintreten, weil „sich diese Unter=stützung aus irgend welchem Grunde verzögerte“.

Über die Invaliden= und Altersrentner werden besondere Listen geführt.

München.

I. „Daß die Armenpflege durch die Arbeiterversicherung entlastet worden ist, steht außer allem Zweifel, jedoch ist der Umfang der Entlastung ein ver=schiedener, je nachdem man die Kranken= oder die Unfall= oder die Alters= und Invaliden=Versicherung ins Auge faßt.“ Bei der Krankenversicherung tritt die Entlastung nicht so sehr ziffernmäßig in die Erscheinung, weil die Arbeiter bereits nach dem Bayrischen Gesetz vom 29. April 1869 versichert waren; nur die jetzt eingeführte Familienunterstützung übt einen besonders wohl=thätigen Einfluß auf die Armenpflege aus. „Hinsichtlich der Unfallversicherung ist zu bemerken, daß durch dieselbe zweifelsohne schon eine erheblichere Ent=lastung der Armenpflege eingetreten ist; denn es ist klar, daß viele ver=unglückte Arbeiter die Hilfe der Armenpflege bezw. die Hinterbliebenen Armen=unterstützung hätten beanspruchen müssen, wenn sie nicht Mitglieder der Un=fallversicherung gewesen wären. Ein halbwegs verläßlicher Maßstab aber für die Berechnung dieser Entlastung der Armenpflege ist nicht gegeben. Was nun die Invaliditäts= und Altersversicherung betrifft, so kann eine wirklich nicht unerhebliche Entlastung der Armenpflege München konstatiert werden.

Ohne dieselbe würden heute ca. 150 Personen mehr und zwar mit monatlich 7 bis 12 Mark unterstützt werden müssen, und hierfür ein Aufwand von 15 000 bis 20 000 Mark entstanden sein. Ein Rückgang der Zahl der Unterstützten ist zwar in München trotzdem nicht eingetreten. Die Zahl der Träger von Alters- und Invalidenrenten ist nämlich im Verhältnisse zur Gesamtzahl der konskribierten Armen viel zu klein, als daß dieselbe sichtlich in die Augen springt. Dazu kommt noch die Verschlechterung des Arbeitsmarktes in den letzten Jahren und damit Hand in Hand gehend der wirtschaftlichen Lage der Arbeiterfamilien, endlich das fortgesetzte Wachstum der Bevölkerung, lauter Faktoren, welche nicht geeignet sind, die Zahl der Unterstützten zu mindern, allein man kann sagen, daß eben die Zahl der Unterstützten heutzutage eine noch viel größere wäre, wenn die Alters- und Invalidenversicherung nicht bestände."

„Zum Schlusse dürfen wir getrost behaupten, daß die ganze Arbeiterversicherungsgesetzgebung nach jeder Richtung hin eine äußerst wohlthätige Wirkung übt, und daß, wenn sich auch zur Zeit eine besonders erhebliche Entlastung der Armenpflege noch nicht ziffernmäßig feststellen läßt, doch darüber kein Zweifel bestehen kann, daß die Arbeiter wie die ärmere Klasse der Bevölkerung überhaupt sich einer weit ausgiebigeren Hilfe, einer kräftigeren Stütze und im allgemeinen einer weit besseren und sichereren Situierung zu erfreuen haben, als ehedem."

II. Über die die Armenpflege besonders belastenden Faktoren vgl. unter I.

III. Bevölkerung: 230 000, 262 000, 349 000.

Gesamtzahl der Unterstützten: 10 300, 11 100, 16 900, 17 800. Offene Krankenpflege: 1600, 1700, 2000, 2200. Geschlossene Krankenpflege: 1600, 2400, 2100, 2500. Almosen: 7100, 8100, 8700, 10 000. Beerdigungen: 187, 193, 229, 250. Waisenpflege: 312, 557, 712, 684.

IV. Gesamtausgaben: 643 000, 762 000, 945 000, 1 151 000. Offene Krankenpflege: 11 100, 14 800, 19 000, 21 700. Geschlossene Krankenpflege: 108 000, 56 400 (infolge besonderer Umstände), 110 000, 167 000. Almosen: 417 000, 575 000, 719 000, 783 000. Waisenpflege: 31 400, 51 000, 68 000, 76 000.

„Der Armenpflegschaftsrat München hat bereits in der Anerkennung, daß eine arbeitsunfähige Person mit einem Monatsalmosen von 10 Mark nicht auszukommen vermag, ferner in Rücksichtnahme der teilweisen Entlastung durch die Arbeiterversicherung eine Erhöhung und Verstärkung der Armenleistungen angebahnt, indem er ab 1. Juni 1894 den Satz von 10 Mark auf 15 Mark erhöht hat."

V. Von 1098 Rentenempfängern schieden infolge der Rentenfestsetzung 50 gänzlich und 42 teilweise aus der Armenpflege. 25 fielen nach Beginn des Rentenbezuges der Armenpflege anheim.

„In mehreren Fällen, jedoch nicht allzuhäufig," mußte die Armenpflege neben und an Stelle der Arbeiterversicherung eintreten. Kranke fielen nach Beendigung der Kassenfürsorge der Armenpflege anheim. Nur in seltenen Fällen fielen Angehörige von Erkrankten, die in Anstalten verpflegt wurden, der Armenpflege zur Last. „Die Empfänger von Renten wurden nur in einzelnen besonderen Fällen zugleich auch noch aus Armenmitteln unterstützt, wenn z. B. bei Vorhandensein großer Familie oder besonders mißlicher Verhältnisse in der Familie ein ergänzendes Eingreifen der Armenpflege angezeigt erschien."

„In der ersten Zeit, nachdem das Gesetz in Kraft getreten war, kamen die Fälle, daß die Armenpflege v o r Beginn eines Rentenbezuges und gegen spätere Erstattung der Kosten seitens der Berufsgenossenschaften und Versicherungsanstalten in Anspruch genommen wurde, häufig vor, jetzt kommen auch noch hier und da Fälle vor, aber immer seltener."

Die Armenpflege erhält von der Rentenfestsetzung k e i n e M i t t e i l u n g.

Paſſau.

Über die „Leistungen der gemeindlichen Armenpflege" sind besondere Fragebogen für die Jahre 1883, 1885, 1890 und 1893 aufgestellt, aus welchen folgende Angaben hier ihren Platz finden mögen:

Die Zahl der dauernd Unterstützten betrug: 66, 64, 68, 51. In Heil=, Pflege=, Erziehungsanstalten u. s. w. wurden untergebracht: 10, 4, 3, 3. Ganz oder teilweise a r b e i t s u n f ä h i g e Personen wurden v o r ü b e r • g e h e n d unterstützt: 25, 13, 12, 12.

Ausgaben für Unterstützungen: Mark 5100, 6100, 4400, 3600. Für Krankenanstalten: 2100, 2100, 1800, 1300.

Pforzheim.

I. „Ein gewisser wohlthätiger Einfluß der Arbeiterversicherungsgesetze auf das Armenbudget ist schon heute nicht zu verkennen."

II. Die Ausgaben für die Armenpflege sind pro Kopf der Bevölkerung von 2,94 Mark im Jahre 1880 auf 2,07 Mark im Jahre 1891 gefallen. „Wenn in den letzten beiden Jahren 1892/93 wiederum ein Steigen der Armenlast zu verzeichnen ist, so hängt dieser Umstand einmal mit dem außerordentlich f l a u e n G e s c h ä f t g a n g e der letzten Jahre zusammen und findet weiterhin seine Erklärung in der von Jahr zu Jahr zunehmenden Bevölkerung, sowie in dem Bestreben der hiesigen Armenverwaltung, die Armenpflege auch hier wie anderwärts i n t e n s i v e r zu leisten."

III. Unter 88 Unfall=, 70 Alters= und 50 Invalidenrentnern befanden sich 12, welche schon vor dem Rentenanfall Unterstützung bezogen hatten; diesen wurde die Unterstützung je nach Höhe der Rente entweder ganz oder teilweise entzogen.

Die Armenpflege mußte „in zahlreichen Fällen" neben und an Stelle der Arbeiterversicherung eintreten. „Außerordentlich häufig" mußten die Angehörigen des im Krankenhause verpflegten Familienhauptes unterstützt werden, so namentlich während der letzten Typhus=Epidemie. „Wiederholt wurde die Armenpflege in Anspruch genommen vor Beginn des Rentenbezuges und gegen spätere Erstattung der Kosten seitens der Berufsgenossenschaften und Versicherungsanstalten ... Zur Vermeidung von Weitläufigkeiten, sowie umständlicher Korrespondenzen, wäre die raschere und schleunigere Feststellung des Rentenbezuges durch die Berufsgenossenschaften dringend erwünscht."

Plauen i. V.

I. „Durch die während der letzten 10 Jahre in Kraft getretenen
Arbeiterversicherungsgesetze ist die öffentliche Armenpflege ohne Zweifel wesent=
lich entlastet worden. Wenn gleichwohl die durchschnittlichen Ausgaben bei
der Armenkasse seit 1884 sich nicht verringert haben, sondern im Gegenteil
noch gewachsen sind, so mag diese Steigerung der Armenlasten hauptsächlich
in den Kosten des Anbaues an das Armenhaus (1885—86), in der Er=
höhung der Kurkosten für im hiesigen Krankenhaus untergebrachte Arme
(1886), in der Erhöhung des Verpflegungsbeitrages für in Besserungs=
anstalten untergebrachte Kinder (1881 und 1883), in der erhöhten Fürsorge
für arme alte Leute (durch Erbauung eines Asyls 1883) ihren Grund haben,
und wohl auch auf den Umstand mit zurückzuführen sein, daß infolge des
beständigen Bevölkerungszuwachses die Armenkasse nicht mehr in dem Maße
wie früher durch die milden Stiftungen entlastet wird."

II. Über die die Armenpflege besonders belastenden Faktoren s. unter I.
Etwa der vierte Teil der Arbeiterbevölkerung war bereits gegen Krank=
heit versichert.

III. Bevölkerung: 35 000, 42 000, 47 000, 50 000.
Gesamtzahl der Unterstützten: 800, 800, 900, 1200. Offene Kranken=
pflege: 210, 160, 290, 350. Geschlossene Krankenpflege: 250, 190, 240, 300.
Almosen: 260, 360, 510, 570. Beerdigungen: 59, 25, 43, 64. Waisen=
pflege (Zahl der überhaupt in derselben befindlichen Kinder): 42, 40, 56, 56.
Ursachen der Unterstützungsbedürftigkeit. Unfall: 7, 2, 4, 4. Krank=
heit: männlich 205, 172, 198, 207, weiblich 61, 60, 106, 103. Siechtum:
männlich 26, 33, 37, 45, weiblich 29, 30, 33, 34. Altersschwäche: männ=
lich 35, 33, 35, 31, weiblich 103, 63, 81, 36.

IV. Gesamtausgaben: 36 000, 58 000, 73 000, 83 000. Pro Kopf
der Bevölkerung: 0.73, 0.92, 1.11, 1.25.

V. Von 145 Rentenempfängern waren 12 in der Armenpflege; hier=
von schieden 8 gänzlich und 3 teilweise aus. Während des Verfahrens
fielen 4 und nach Beginn des Rentenbezuges 2 Personen der Armenpflege
zur Last.
Fälle, in denen die Armenpflege vorläufig an Stelle oder neben der
Arbeiterversicherung eintreten mußte, sind „nicht häufig" vorgekommen. „Da=
gegen mußte die Armenpflege in der Regel die Gewährung der Spitalpflege
für Geschlechtskranke übernehmen, weil sich die Krankenkasse in Fällen dieser
Art nur zur Leistung eines Kurkostenbeitrages in Höhe des halben Kranken=
geldes versteht."
Von der Invaliden= und Altersrente erhält die Verwaltung durch Ein=
sichtnahme in die Register, von der Unfallrente durch Einsichtnahme in die
Beglaubigungen von Unfallrentenquittungen Kenntnis.

Posen.

I. Am 1. April 1885 gelangte das Elberfelder System zur Ein=
führung.
Besonders belastend für die Armenpflege wirkten: die Überschwemmungen

in den Jahren 1888 und 1889, hohe Lebensmittelpreise 1892 und 1893, andauernde Arbeitslosigkeit.

II. Bevölkerung (in den ersten drei Berichtsjahren): 60 000, 64 000, 66 000.

Almosen: männlich 155, 240, 305, 358, weiblich 1038, 1218, 1481, 1594. Waisenpflege: 232, 183, 219, 253.

III. Gesamtausgaben: 193 000, 254 000, 277 000, 318 000. Offene Krankenpflege: 3000, 6700, 6400, 7000. Geschlossene Krankenpflege: 73 000, 114 000, 129 000, 153 000. Almosen: 117 000 (inkl. Waisenpflege), 111 000, 116 000, 130 000. Waisenpflege (in den letzten drei Berichtsjahren): 21 700, 25 000, 27 000.

IV. Von 203 Rentenempfängern befanden sich 11 in der Armenpflege, von denen 10 gänzlich und 1 teilweise ausschieden.

Neben oder an Stelle der Arbeiterversicherung mußte die Armenpflege „in vereinzelten Fällen" eintreten. Von der zur Festsetzung gelangenden Invaliden- und Altersrente erhält die Verwaltung amtlich Kenntnis.

Potsdam.

1. Die monatliche Durchschnittszahl der unterstützten Erwachsenen ist von 895 im Jahre 1884—85 auf 743 im Jahre 1893—94 langsam zurückgegangen. Die aus diesen Unterstützungen im Jahre erwachsenen Ausgaben sind indes von 55 000 auf 59 000 Mark gestiegen.

II. Von 57 in der Armenpflege befindlichen Rentenempfängern schieden infolge der Rentenbewilligung 43 gänzlich und 5 teilweise aus.

„Die Unfallversicherung hat in einigen Fällen teils wegen des Streites über die Zuständigkeit der einzelnen in Frage gekommenen Berufsgenossenschaften, teils wegen des Zweifels über das Vorhandensein eines Unfalls, teils wegen des Streites über die Höhe der Rente die Gewährung von Armenunterstützung notwendig gemacht, die in einigen Fällen sogar länger als ein Jahr hindurch hat gewährt werden müssen." Mehrfach sind Unterstützungen nach Beendigung der Kassenpflicht notwendig geworden.

Regensburg.

I. „Im allgemeinen ist durch Einführung der Kranken-, Unfall-, Invaliditäts- und Altersversicherung eine Entlastung der Armenkasse insofern zu konstatieren, als durch diese Versicherungen wenigstens einer sonst sehr merklichen Mehrbelastung derselben vorgebeugt worden ist, indem diese auf solche Weise unterstützten Personen gar nicht oder nur zum teilweisen Unterhalte die Armenpflege in Anspruch nahmen. Der Grund, warum sich seit Einführung der Versicherungsgesetze eine wesentliche Minderung der Zahl der Unterstützten und des Aufwandes auf dieselben nicht wahrnehmen läßt, liegt hauptsächlich darin, daß oft Arbeitsmangel, besonders zur Winterszeit, herrscht, und daß ältere Leute oft wegen der Versicherungsbeiträge und der dadurch notwendigen Lohnherabsetzung von den Arbeitgebern nicht mehr beschäftigt wurden, wenn sie auch noch arbeiten könnten; und solche Leute glauben dann

um so mehr Anspruch auf Armenunterstützung machen zu dürfen, um gleich=
sam eine Entschädigung für die ihnen wegen Mangel an Beschäftigung nicht
mögliche Erlangung einer Altersversicherungsrente zu bekommen." Des
weiteren wird auf den vermehrten Zuzug der Arbeiter hingewiesen. Am
Schlusse des Berichtes schließt sich der Verband der in einer Broschüre von
Haushalter („die Gemeindekrankenversicherung, Unfallversicherung und gemeind=
liche Armenpflege". München 1888, bei Theodor Ackermann) niedergelegten
Ansicht an, „daß die Wirkung der Versicherungsgesetze den Erwartungen bis
jetzt nicht ganz entsprochen hat und daß der bisherige nachweisbare Einfluß
dieser Gesetzgebung auf die gemeindliche Armenpflege gering ist." In dieser
Broschüre, welche unter besonderer Berücksichtigung Regensburger Verhältnisse
geschrieben ist, wird hervorgehoben, daß die, insbesondere durch das Bayerische
Gesetz vom 29. April 1869 hervorgerufenen eigenartigen, vielfach anomalen
Verhältnisse, soweit sie die Wirkungen des Krankenversicherungsgesetzes be=
einflussen, keinen Schluß auf die Bedeutung des Gesetzes für Bayern über=
haupt zulassen. Des weiteren wird daselbst ausgeführt, „daß die meiste
ärztliche Hilfe in der Armenpflege Regensburg — bei den günstigen Ver=
hältnissen für andere unterstützungsbedürftige Kranke — auf die Behandlung
alter und gebrechlicher Armen, Waisen und Witwen sich erstreckt, auf welche
das Krankenversicherungsgesetz keinen Einfluß gewonnen hat."

II. Es kommen Fälle vor, in denen die Armenpflege neben der Arbeiter=
versicherung eintreten muß. „Wir haben z. B. zwei Personen gegen Einzug
einer Invalidenrente von monatlich 9,30 Mark in das Armenhaus und eine
weitere Person gegen Einzug einer solchen in das Armenkrankenhaus auf=
genommen; in diesen Verforgungsanstalten übersteigen natürlich die Ver=
pflegungskosten die als Gegenleistung in Betracht kommenden Renten sehr
bedeutend." Auch wird die Übernahme der Krankenfürsorge für Invaliden=
rentenempfänger, die Unterstützung der Familie während der Verpflegung
des Familienhauptes im Krankenhause, die Krankenfürsorge nach Beendigung
der Kassenleistungen, sowie die vorübergehende Unterstützung von Renten=
empfängern, hervorgehoben.

Rostock.

I. „Wenn auch der günstige Einfluß unserer reorganisierten Armen=
pflege über die vorhin erwähnten zwei Jahre hinaus erkennbar geblieben ist
(vgl. unter II), so haben an den weiter erzielten günstigen Erfolgen auf dem
Gebiete der Armenpflege, wie solche aus den Zahlen der anliegenden For=
mulare I und III des näheren ersichtlich sind, die neuen Arbeiterversicherungs=
gesetze sicher nicht den kleinsten Anteil. Nach den gemachten Erfahrungen
glauben wir annehmen zu dürfen, daß die neuen Arbeiterversicherungsgesetze
von Anbeginn an thatsächlich eine Verringerung der Almosenempfänger und
damit zusammenhängend eine Entlastung des hiesigen Armenbudgets herbei=
geführt hat. Besonders zeigte sich diese Entlastung in der geschlossenen
Krankenpflege und in dem Rückgange der in Krankheitsfällen des Ernährers
früher zu zahlenden hohen Wochenunterstützungen. Wir glauben deshalb die
günstige Einwirkung der Krankenversicherung auf die hiesige Armenpflege
in erster Linie stellen zu müssen, ohne dadurch die Entlastung der Armenkasse

durch das Unfallversicherungsgesetz irgendwie verkennen zu wollen. Leider sind wir nicht in der Lage, durch Zahlen ausdrücken zu können, in welcher Höhe das Armenbudget durch die Krankenversicherung bezw. durch die Unfall= versicherung entlastet worden ist. Über den Nutzen, welcher der Armenpflege aus der Invaliditäts= und Altersversicherung erwachsen ist resp. erwachsen wird, vermögen wir ein abschließendes Urteil heute noch nicht zu geben. Wir möchten aber nach den Erfolgen, welche diese Versicherung während der kurzen Zeit ihres Bestehens für die hiesige Armenpflege aufzuweisen hat, annehmen, daß dieselbe mit der Zeit dem Armenbudget ebenfalls nicht un= erhebliche und zwar dauernde Vorteile bringen wird."

II. Am 1. Juli 1881 wurde das Elberfelder System eingeführt, welches auf die Armenpflege sehr entlastend wirkte. Ebenso wirkte das im Jahre 1890 in Betrieb genommene Armen=Arbeitshaus sehr entlastend, in= dem 80 Personen, welche in die genannte Anstalt aufgenommen werden sollten, sofort auf jede Unterstützung verzichteten. Im Jahre 1892—93 wirkte, insbesondere für die Almosen= und Krankenhauspflege, belastend der außergewöhnlich kalte und lange Winter, die dadurch herbeigeführte längere Arbeitslosigkeit, die erhebliche Verteuerung der notwendigsten Lebensmittel.

III. Bevölkerung (in den ersten drei Jahren): 37 000, 38 000, 44 000. Gesamtzahl der Unterstützten: männlich 595, 519, 398, 502, weiblich 860, 821, 806, 839. Offene Krankenpflege: 480, 440, 260, 250. Ge= schlossene Krankenpflege: 410, 230, 250, 350. Almosen: 1150, 1160, 900, 990. Beerdigungen: 196, 148, 189, 182. Waisenpflege: 19, 31, 24, 31. Ursachen der Unterstützungsbedürftigkeit. Unfall: 1, 1, 2, 3. Krank= heit: männlich 256, 161, 119, 209, weiblich 166, 111, 78, 96. Siech= tum: männlich 128, 92, 83, 80, weiblich 155, 171, 123, 129. Alters= schwäche: männlich 63, 57, 23, 28, weiblich 233, 237, 217, 177.

IV. Gesamtausgaben: 157 000, 152 000, 132 000, 149 000. Offene Krankenpflege: 5300, 4100, 3700, 4400. Geschlossene Krankenpflege: 36 800, 29 600, 27 600, 35 000. Almosen: 99 500, 101 500, 85 000, 92 900. Waisenpflege: 15 500, 16 700, 16 400, 17 300.

V. Eine vor Eintritt des Unfallrentenbezuges in Armenpflege befindliche Person und vier während des Verfahrens der Armenpflege anheimgefallenen Personen schieden infolge Festsetzung der Unfallrente aus der Armenpflege. Ebenso schieden 16 Invaliden= und Altersrentenempfänger und zwar 7 ganz und 9 teilweise aus der Armenpflege. Nur „in ganz vereinzelten Fällen" und nur bei Unfällen ist die Armenpflege an Stelle der Versicherung vorläufig eingetreten. Wohl war aber die Armenpflege „vielfach" genötigt, neben der Krankenversicherung, sobald es sich um eine Familie mit großem Kindersegen handelte, einzutreten. Alle Rentenempfänger werden der Verwaltung von dem Polizeiamte namhaft gemacht.

Schwerin.

I. „Die Einwirkung der Arbeiterversicherung auf die Thätigkeit der öffentlichen Armenpflege anlangend, so ist eine wesentliche Entlastung der Armenkosten hierdurch nicht herbeigeführt."

II. In den Jahren 1885 und 1892 hat eine besondere Inanspruch=
nahme der öffentlichen Armenpflege infolge Notstand, durch Erkrankuugen,
Siechtum u. f. w. stattgefunden.

Der größte Teil der Arbeiterbevölkerung war schon vorher gegen Krank=
heit versichert.

III. Bevölkerung: (in den ersten drei Jahren) 30 000, 31 000, 33 000.
Gesamtzahl der Unterstützten: männlich 190, 227, 228, 204, weiblich
594, 530, 690, 621. Offene Krankenpflege: männlich 71, 57, 103, 93,
weiblich 63, 102, 118, 155. Geschlossene Krankenpflege: 38, 56, 52, 65.
Almosen: 374, 515, 606, 742. Beerdigungen: 10, 16, 10, 16. Waisen=
pflege: 3, 4, 6, 9.

Ursachen der Unterstützungsbedürftigkeit. Unfall: 1, 6, 6. Krankheit:
männlich: 38, 45, 43, 53, weiblich 74, 108, 131, 126. Siechtum: männ=
lich: 25, 32, 22, 27, weiblich 69, 76, 89, 63. Altersschwäche: männlich
55, 70, 47, 41, weiblich 154, 168, 133, 121.

IV. Gesamtausgaben: 66 000, 72 000, 70 000, 78 000. Geschlossene
Krankenpflege: 8100, 12 400, 12 500, 14 100. Almosen (einschließlich
offene Krankenpflege): 46 000, 48 000, 48 000, 50 000. Waisenpflege:
11 800, 11 200, 11 000, 13 000.

V. Von 135 Rentenempfängern waren 11 in der Armenpflege; hier=
von schieden 6 gänzlich und 5 teilweise aus. 7 Personen fielen während
des Verfahrens der Armenpflege zur Last.

„Nur in vereinzelten Fällen" trat die Armenpflege vorläufig an Stelle
der Arbeiterversicherung.

Die Invaliden= und Altersrentner werden dem Magistrat von der Ver=
sicherungsanstalt namhaft gemacht.

Wiesbaden.

I. „Das Anwachsen der in der Nachweisung verzeichneten Gesamtausgaben
ist annähernd dem Anwachsen der Bevölkerung proportional, eine Entlastung
der städtischen Armenpflege durch die socialpolitische Gesetzgebung ist also
direkt nicht nachweisbar." Trotzdem ist eine, wenn auch nicht sehr beträcht=
liche, ziffernmäßig aber nicht genau festzustellende Entlastung unzweifel=
haft zu erkennen, wenn man berücksichtigt, daß die wirtschaftlichen Verhält=
nisse am Schlusse der Berichtsperiode ungünstiger waren, als am Beginn,
daß die Mieteunterstützungen infolge Steigens der Wohnungspreise erhöht
werden mußten, daß der Unterstützungstarif im letztem Jahre erhöht wurde,
daß die Armenärzte seit vorigem Jahre weit mehr wie früher neben den
Arzneien Stärkungsmittel, wie Milch, Wein und Cognac anweisen." Es
wird darauf hingewiesen, daß bei der geschlossenen Armenpflege die Ausgaben
geringer geworden sind, und zwar auch absolut. „Hier liegt eine greifbare
Wirkung der Krankenkassengesetzgebung vor."

„Das lebhafter gewordene Pflichtgefühl, gegenüber den unbemittelten
Klassen, welches zum Erlaß der socialpolitischen Gesetze führte, macht sich un=
zweifelhaft auch bei einem Teil der Träger der hiesigen Armenpflege geltend
und findet seinen Ausdruck in der auskömmlicheren Bemessung mancher Unter=

stützungen." Es wird des weiteren auf die Belastung der Armenpflege hin=
gewiesen, welche durch den Zuzug vom Lande verursacht wird.

„Die Leistungen der auf Grund der socialpolitischen Gesetze ins Leben
gerufenen verschiedenen Kassen kommen zumeist anderen Kategorien von Leuten
zu gute, als denjenigen, aus welchen sich die Kostgänger der Armenpflege
rekrutieren."

II. Bevölkerung (in den letzten 3 Berichtsjahren): 55 000, 64 000, 70 000.

Die Gesamtzahl der Unterstützten ist von 1540 im Jahre 1884/85 auf
2580 im Jahre 1892/93 gestiegen, die Gesamtausgaben von 171 000 auf
209 000 Mark. Im einzelnen stellen sich in den Jahren 1884/85, 1890/91,
1893/94 die Kosten für die offene Armenpflege auf: 92 700, 98 700,
119 500, für die geschlossene Armenpflege: 36 300, 31 700, 40 500, für
die Verpflegung im städt. Krankenhaus und anderen Heilanstalten auf:
25 000, 18 000, 20 250.

Würzburg.

I. „Die neuen socialen Gesetze haben bei den hierorts gegebenen Ver=
hältnissen einen ganz unwesentlichen Einfluß auf die Armenpflege, so zwar,
daß durch die Unfall=, Invaliditäts= und Altersversicherung die hiesige Armen=
kasse z. Z. garnicht entlastet wird und durch die Krankenversicherung eine nur
unwesentliche Entlastung eingetreten ist, da schon lange vor Einführung der
Krankenversicherung ein Institut für erkrankte Arbeiter und Gesellen und ein
Institut für erkrankte Dienstboten dahier bestand, bei welchen die gesamte
Arbeiter= und Dienstbotenkategorie durch Beitragszahlung Mitglied war."

II. Hohe Lebensmittelpreise und stete Zunahme der ärmeren Bevölkerung
haben das Armenbudget bedeutend belastet.

III. Bevölkerung: 51 000, 56 000, 61 000.

Gesamtzahl der Unterstützten: männlich 161, 207, 310, 387, weiblich
256, 344, 496, 590, Geschlossene Krankenpflege: 59, 78, 93, 111. Al=
mosen: männlich 62, 137, 185, 241, weiblich 206, 281, 321, 458. Be=
erdigung: 7, 15, 32, 42. Waisenpflege: 96, 117, 119, 118.

IV. Gesamtausgaben: 86 000, 120 000, 141 000, 156 000. Offene
Krankenpflege: 3500, 4400, 5900, 7500. Geschlossene Krankenpflege:
16 000, 24 000, 34 000, 35 000. Almosen: 54 000, 71 000, 82 000,
94 000. Waisenpflege: 11 700, 19 000, 19 100, 18 500. Erstattungen von
Krankenkassen: 640, 640, 1540, 2470.

V. „Die Armenpflege war öfter veranlaßt, die Familien erkrankter Ar=
beiter wegen Geringfügigkeit des Krankengeldes zu unterstützen".

Von der Festsetzung der Renten erhält der Armenpflegschaftsrat keine
Kenntnis.

Zittau.

I. „Die gewissenhafte Prüfung der Frage, ob die neuen Arbeiterver=
sicherungsgesetze eine Entlastung der Armenkassenbedürfnisse und eine Ver=
ringerung der Armenpflege herbeigeführt haben, hat zu dem Ergebnisse geführt,
daß eine Entlastung oder Verringerung nicht, wenigstens nicht in fühlbarer
Weise eingetreten ist. Ausgeschlossen bleibt dabei allerdings nicht, daß mög=

licherweise die vorerwähnten Gesetze ein stärkeres Anwachsen der Forderungen an die Armenkasse verhindert haben; darüber vermögen wir indeffen ein maß=gebendes Urteil nicht abzugeben".

II. Belastend für den Armenetat wirkten die verheerenden Überschwem=mungen im Jahre 1880, Verteuerung der Lebensmittel und Wohnungen, Nachlassen des Arbeitsverdienstes.

Ein großer Teil der Arbeiterbevölkerung war bereits früher gegen Krank=heit, Unfall, Invalidität und Alter versichert. (2800 von 7500).

III. Bevölkerung: 21 000, 21 000, 23 000, 23 000.

Gesamtzahl der Unterstützten: männlich 84, 98, 120, 130, weiblich 362, 279, 329, 330. Offene Krankenpflege: männlich 40, 35, 30, 33. weiblich: 70, 62, 60, 66. Geschlossene Krankenpflege: 20, 42, 15, 27. Für die Krankenpflege kommen meist „ältere Spendenempfänger und Kinder armer Familien, sowie sehr kleine, bei Zieheltern untergebrachte, meist außer=eheliche Kinder" in Betracht. Almosen: männlich 72, 86, 110, 100, weib=lich 329, 258, 309, 290. Beerdigung: 71, 66, 44, 37. Hier wird der mögliche Einfluß der Krankenkassen zugegeben; andererseits werden andere Gründe für das Sinken angegeben. Waisenpflege: 19, 16, 10, 15.

Ursachen der Unterstützungsbedürftigkeit. Krankheit: männlich 7, 9, 10, 10, weiblich 57, 43, 51, 48. Siechtum: männlich 15, 18, 22, 21, weib=lich 40, 31, 37, 38. Altersschwäche: männlich 14, 18, 19, 20, weiblich 66, 51, 59, 45.

IV. Gesamtkosten: 74 700, 74 200, 67 400, 70 600. Offene Kranken=pflege: 2700, 2600, 2500, 2500. Geschlossene Krankenpflege: 6800, 4100, 3400, 3500. Der Grund des Sinkens soll in dem Absterben einer großen Anzahl Irrer, die in Landesanstalten untergebracht waren, liegen. Almosen: 53 000, 55 000, 52 000. 55 000. Waisenpflege: 5500, 6200, 4800, 4800.

V. Von 71 Unfallrentnern waren nur 3 in der Armenpflege, von denen einer gänzlich und einer teilweise ausschied; einer fiel während des Verfahrens der Armenpflege anheim. Von 108 Invaliden= und Alters=rentnern waren 9 in der Armenpflege, von denen 3 gänzlich und einer teil=weise ausschieden.

„In einzelnen Fällen" war die Armenpflege genötigt, neben dem Krankengelde Spenden zu gewähren, „einige wenige Male" mußte auch die Armenpflege nach Beendigung der Kassenleistungen eintreten.

Die Einführung der Arbeiterversicherungsgesetze hat zur Schaffung eines Rekonvalescentenheimes Anlaß gegeben.

B. Mittlere Städte.

Allenstein.

I. „Eine Entlastung unseres Armenbudgets durch die Arbeiterversicherung ist . . . nicht eingetreten, sondern im Gegenteil eine Erhöhung und Ver=stärkung der Armenpflegeleistungen. Hauptsächlich trägt aber hieran das in den letzten Jahren in liberalster Weise entwickelte endgültige Beschluß=verfahren unserer Bezirksausschüsse die Schuld".

II. Das Wachstum der Stadt und die verhältnismäßige Zunahme der besitzlosen Bevölkerung in den letzten 10 Jahren, hat auf die Vergrößerung der Armenlasten eingewirkt. Eine gut entwickelte Privat- und Vereinswohl-thätigkeit wirkte entlastend. Nur ein verschwindend kleiner Teil der Arbeiter-bevölkerung war bereits vorher gegen Krankheit versichert.

III. Bevölkerung: 7000, 11 000, 19 000, 20 000.

Gesamtzahl der Unterstützten: männlich 200, 310, 300 470, weiblich 390, 510, 850, 880. Offene Krankenpflege: männlich 32, 75, 50, 60, weiblich 120, 150, 200, 190. Geschlossene Krankenpflege: männlich 57, 97, 118, 210, weiblich 13, 46, 68, 51. Almosen: männlich 35, 44, 47, 63, weiblich 155, 190, 188, 209. Beerdigung: männlich 2, 7, 8. 11, weiblich 4, 12, 17, 19. Waisenpflege: 9. 12, 19, 21.

Ursachen der Unterstützungsbedürftigkeit. Krankheit: männlich 168, 266, 231, 391, weiblich 339, 425, 749, 765. Siechtum: männlich 6, 15, 25, 23, weiblich 4, 26, 46, 52. Altersschwäche: männlich 25, 32, 40, 47, weiblich 50, 61, 59, 70.

IV. Gesamtausgaben: 8400, 10 300 12 400, 18 700. Offene Kranken-pflege: 1200, 1100, 1200, 1500. Geschlossene Krankenpflege: 1000, 1100, 2200, 2500. Almosen: 5600, 7200, 8500, 12 500. Waisenpflege: 440, 800, 1300, 2100.

V. Von 33 Unfallrentnern waren 2 in der Armenpflege, welche infolge der Rentenfestsetzung ausschieden. 12 Personen fielen während des Ver-fahrens der Armenpflege anheim.

Von 49 Invaliden- und Altersrentnern waren 13 in der Armenpflege; hiervon schieden 10 gänzlich und 1 teilweise aus. Eine Person fiel während des Verfahrens der Armenpflege anheim.

„Die Fälle, in welchen wir für Krankenversicherungspflichtige, deren Mitgliedschaft bei Eintritt der Hilfsbedürftigkeit aus irgend einem Grunde nicht feststand, oder die sich aus dem Bezirk der auswärtigen Krankenkassen hierher begeben hatten, vorläufig eintreten mußten, waren ziemlich zahlreich. Ebenso haben wir bei etwa vier Fünfteln aller Unfälle durch Gewährung von Unterstützungsvorschüssen oder durch Fortsetzung der Krankenhausbehandlung nach Ablauf der Verpflichtung der zuständigen Krankenkassen, bis zum Ein-tritt der verpflichteten Berufsgenossenschaft die öffentliche Armenpflege wirken lassen müssen."

Neben der Arbeiterversicherung mußte die Armenpflege „mehrfach" ein-treten, durch Zahlung von Pflegegeld für Kinder oder von Unterstützungen an die Familien der im Krankenhaus untergebrachten Versicherten, durch Fortgewährung der Krankenfürsorge nach Beendigung der Kassenleistungen.

„Von neuen erfolgten Rentenbewilligungen giebt das Versicherungsbureau der Armenkommission laut Vereinbarung Kenntnis."

Bernburg.

I. Der dritte Teil der Arbeiterbevölkerung war bereits vorher gegen Krankheit versichert. Seit 1884 ist die Arbeiterbevölkerung durch Erbauung einer Fabrik bedeutend gestiegen.

II. Bevölkerung: 18 000, 21 000, 27 000, 32 000.

Gesamtzahl der Unterstützten: 340, 520, 720, 780. Geschlossene Krankenpflege: männlich 35, 52, 65, 119, weiblich 67, 44, 87, 106. Almosenpflege: 244, 413, 579, 566. Beerdigung: 23, 47, 44, 64.

III. Gesamtausgaben: 30 000, 28 000, 35 000, 49 000. Offene Krankenpflege: 3100, 2900, 3800, 2900. Geschlossene Krankenpflege: 8100, 5600, 7000, 10 000. Almosen: 17 000, 16 000, 22 000, 34 000. Waisenpflege: 1500, 2200, 1800, 1200.

IV. Von 103 Unfallrentnern fielen während des Verfahrens 5 der Armenpflege anheim. Von 127 Invaliden= und Altersrentnern befanden sich 20 in der Armenpflege und verblieben in derselben auch nach der Renten= festsetzung.

„In wenigen Fällen" mußte die Armenpflege an Stelle und neben der Arbeiterversicherung eintreten.

Dessau.

I. „Eine Entlastung der Armenpflege durch diese Einwirkung (der Arbeiterversicherungsgesetze) ist entschieden nicht zu verkennen; absolut und ziffernmäßig nachweisbar ist sie insbesondere bei den Ausgaben für die offene Armenkrankenpflege, speciell hier für Arznei und sonstige Heilmittel zu Tage getreten" (vgl. unter IV).

„Es muß wiederholt werden, daß der Rückgang der Kosten der Armen= pflege und der Zahl der Unterstützten, wie er in sämtlichen Tabellen fast durchgängig zu bemerken ist, dem Zusammenwirken der oben bezeichneten Ur= sachen (vgl. unter II und IV) zugeschrieben werden muß und nicht allein auf Rechnung der socialpolitischen Gesetze gestellt werden kann; jedenfalls aber gebührt dem Einfluß der letzteren ein nennenswerter Anteil an dieser für die Armenpflege immerhin erfreulichen Thatsache."

II. Im Jahre 1882/83 fand eine Reorganisation der Armenpflege statt, welche entlastend wirkte; ebenso wirkte entlastend die in neuerer Zeit verbesserte Organisation der Privatwohlthätigkeit. Belastend wirkten die beträchtliche Bevölkerungszunahme, die reichlichere Bemessung der Unter= stützungen, sowie insbesondere für die Jahre 1891/92 und 1892/93 die allgemeine Geschäfts= und Arbeitslosigkeit, nicht minder auch die Influenza. Ungefähr die Hälfte der Arbeiterbevölkerung war bereits vorher gegen Krank= heit, ein großer Teil derselben auch gegen Unfall versichert.

III. Die sämtlichen Zahlen beziehen sich auf die vier Berichtsjahre: 1882/83, 1885/86, 1890/91 und 1892/93. Bevölkerung: 24 000, 27 000, 34 000, 38 000.

Gesamtzahl der Unterstützten: 750, 680, 840, 1000. In Prozenten der Einwohnerzahl: 3,0, 2,5, 2,4, 2,6. Offene Krankenpflege: 410, 230, 207, 317. In Prozenten der Einwohnerzahl: 1,6, 07, 0,6, 0,8. Ge= schlossene Krankenpflege: 205, 174, 201, 265. Hiervon Krankenhauspflege: 162, 130, 142, 149, in Prozenten: 0,66, 0,47, 0,41, 0,50. Almosen: 461, 438, 500, 577, in Prozenten: 1,8, 1,6, 1,4, 1,4. Beerdigung: 55, 47, 40, 50, in Prozenten: 0,22, 0,17, 0,11, 0,13. „Die erhebliche Abnahme kann unbedenklich der Wirkung des Krankenversicherungsgesetzes zugeschrieben werden". Waisenpflege: (seit 1885/86) 7, 5, 4.

IV. Gesamtausgaben: 57 000, 61 000, 67 000, 78 000. Auf den Kopf der Einwohnerzahl: 2,35, 2,25, 2,01, 2,05. Auf das Sinken sind auch die in Zwischenräumen von einigen Jahren vorgenommenen General=revisionen von Einfluß. Als ein Grund des relativen Rückgangs wird auch der Zuzug der in ihrer Mehrzahl noch arbeitskräftigen Leute und Familien angesehen. Offene Krankenpflege: 2000, 938, 1190, 1420. Auf den Kopf der Einwohner: Pfennige 8 1/4, 3 1/2, 3 1/2, 3 3/4. Geschlossene Krankenpflege: 9800, 12 300, 13 500, 17 500. Davon für Krankenhaus=pflege: 3200, 3900, 4900, 6900. Pro Kopf: Pfennige 13, 14 1/2, 14 1/4, 18. „Das Steigen der Krankenhauspflegekosten bei gleichzeitigem Zurück=gehen der Zahl der Verpflegten (vgl. unter III), erklärt sich zum Teil aus dem Anheimfallen der mit langwierigen Krankheiten behafteten Kassenmit=glieder an die Armenpflege nach Ablauf der statutenmäßigen Unterstützungs=dauer". Almosen: 33 900, 37 400, 39 600, 47 800. Pro Kopf: Pfennige 138 3/4, 138, 116 1/3, 125. Waisenpflege: 3500, 3800, 4900, 3600. Auf den Kopf der Bevölkerung hat ein Rückgang von 14 1/2 Pfennig im Jahre 1882/83 auf 9 2/3 Pfennig im Jahre 1892/93 stattgefunden. „Für den Rückgang der Kosten der Waisenpflege kann ein Anhalt dafür, daß der=selbe auf Rechnung der Versicherungsgesetze zu schreiben sei, nicht gefunden werden, die Abnahme der Zahl der städtischen Waisen erscheint vielmehr als eine zufällige."

Erstattungen von Krankenkassen: (seit 1885) 465, 200, 138. Die Erstattungen von Berufsgenossenschaften und Versicherungsanstalten sind nur geringfügig.

Der Verband schätzt die auf die Arbeiterversicherung fallende Ersparnis für das Jahr 1882/93 auf 2661 Mark, für 1890/91 auf 4387 Mark, für 1888/89 auf 5067 Mark.

V. Von 104 Rentenempfängern waren 18 in der Armenpflege; hier=von schieden 4 teilweise und 1 gänzlich aus. 6 Personen fielen nach Be=ginn des Rentenbezugs der Armenpflege anheim.

An Stelle der Unfallversicherung mußte die Armenpflege „mehrfach" (in 6 bis 7 Fällen pro Jahr) eintreten, weil die Entscheidung über den An=spruch sich verzögerte. Neben der Arbeiterversicherung mußte die Armenpflege „vielfach" (durchschnittlich in 30 bis 40 Fällen pro Jahr) eintreten; davon entfielen 75 % der Fälle auf die Krankenversicherung.

Der Verband weist auf den Mangel hin, daß die Unterstützungen der Unfallversicherung nicht zur amtlichen Kenntnis der Verwaltung kommen.

Essen.

I. „Die socialpolitische Gesetzgebung konnte in hiesiger Stadt auf das Armenbudget nicht in dem Maße, wie erwartet, die öffentlichen Armenaus=gaben beschränkend einwirken, weil vor Inkrafttreten fraglicher Gesetze den hiesigen Arbeitern — mit Ausnahme der Altersrente — ungefähr die gleichen Wohlthaten, auf welche sie jetzt einen gesetzlichen Anspruch haben, aus frei=willigen Kassen zu teil würde." (Vgl. unter II.)

II. Im Jahre 1882 betrug die Zahl der gegen Krankheit Versicherten
14 204, Ende Dezember 1885: 15 186. Die Krankenversicherungspflicht ist
ausgedehnt auf landwirtschaftliche Arbeiter (1888) und Handlungsgehilfen
(1893).

III. Bevölkerung: 56 000, 65 000, 78 000, 85 000.

Gesamtzahl der Unterstützten: männlich 530, 450, 380, 420, weiblich
910, 920, 860, 860. Offene Krankenpflege: männlich 1100, 710, 560,
1000, weiblich 920, 1000, 770, 1100. Geschlossene Krankenpflege: männlich 460, 250, 410, 490, weiblich 150, 130, 230, 270. Almosen: männlich 460, 380, 300, 350, weiblich 840, 860, 800, 810. Beerdigung:
männlich 110, 99, 69, 64, weiblich 86, 75, 50, 40. Waisenpflege: 67,
58, 31, 49.

Ursachen. Unfall: 2, 2, 3, 9. Krankheit: männlich 118, 71, 57, 74,
weiblich 18, 10, 8, 21. Siechtum: männlich 160, 138, 141, 166, weiblich 103, 192, 223, 217. Altersschwäche: männlich 102, 103, 95, 99,
weiblich 205, 221, 203, 205.

IV. Gesamtausgaben: 241 000, 264 000, 310 000, 244 000. Offene
Krankenpflege: 7300, 7500, 6800, 7500. Geschlossene Krankenpflege:
41 700, 46 800, 61 900, 50 800. Almosen: 134 000, 142 000, 140 000,
128 000. Waisenpflege: 32 000, 36 000, 31 000, 25 000.

V. Bei der Unfallversicherung fielen 18 Personen während des Verfahrens der Armenpflege anheim. Bei der Invaliditätsversicherung fielen
44 Personen nach Beginn des Rentenbezuges und 2 während des Verfahrens
der Armenpflege anheim. Von 116 Altersrentnern waren 9 in der Armenpflege; hiervon schieden 5 gänzlich und 1 teilweise aus. 3 Personen fielen
nach Beginn des Rentenbezuges der Armenpflege anheim.

„Es ist vielfach vorgekommen," daß die Armenpflege an Stelle der
Krankenversicherung eintreten mußte. Neben der Arbeiterversicherung mußte
die Armenverwaltung nur dann eintreten, wenn der Erkrankte oder Verletzte
Familie hatte.

Von der Festsetzung der Invaliden- und Altersrenten erhält die Verwaltung amtlich Kenntnis.

Gießen.

I. „Daß die Armenpflege durch die Arbeiterversicherung entlastet worden
ist und wird, läßt sich an und für sich nicht leugnen."

II. Im Jahre 1892 wurde das Elberfelder System eingeführt, welches
entlastend wirkte.

III. Die Gesamtzahl der durchschnittlich Unterstützten betrug in den
Jahren 1884/85 bis 1893/94: 286, 289, 280, 284, 289, 210, 202, 189,
174, 163.

IV. „Nur ganz vereinzelt" trat die Armenpflege an Stelle und neben
der Arbeiterversicherung ein.

M. Gladbach.

I. In den Jahren 1891/92 bis 1892/93 wirkten ungünstige Geschäfts=
verhältnisse und damit verbundene Arbeitslosigkeit erheblich belastend auf die
Armenpflege.

Der größte Teil der Arbeiterbevölkerung war schon vorher gegen Krank=
heit versichert. Im Jahre 1885 wurden 10 % der Versicherten durch Orts=
statut in die Zwangsversicherung einbezogen.

II. Bevölkerung: 37 000, 44 000, 49 000, 50 000.
Gesamtzahl der Unterstützten: 1310, 1550, 1610, 1790. Geschlossene
Krankenpflege: männlich 196, 290, 304, 368, weiblich 154, 244, 216,
320. Almosen: männlich 302, 260, 343, 261, weiblich 264, 271, 294,
344. Beerdigung: männlich 99, 68, 85, 82, weiblich 102, 74, 79, 86.
Waisenpflege: 34, 53, 48, 45.

Ursachen. Unfall: 4, 9, 6, 5. Krankheit: männlich 64, 80, 116,
131, weiblich 22, 15, 20, 27. Siechtum: männlich 43, 49, 53, 56, weib=
lich 24, 32, 38, 35. Altersschwäche: männlich 46, 52, 60, 58, weiblich
72, 85, 91, 102.

III. Gesamtausgaben: 162 000, 191 000, 212 000, 227 000.
Offene Krankenpflege: 7000, 6600, 7000, 10 000. Geschlossene Kranken=
pflege: 45 000, 57 000, 69 000, 69 000. Almosen: 67 000, 73 000,
79 000, 95 000. Waisenpflege: 28 000, 39 000, 34 000, 31 000. Er=
stattungen von Krankenkassen (seit 1885): 336, 551, 733; von Berufs=
genossenschaften (seit 1890): 719, 779; von Versicherungsanstalten (seit
1893): 391.

IV. Von 127 Unfallrentnern befanden sich 6 in der Armenpflege, von
denen 5 teilweise und 1 gänzlich ausschieden. Von 208 Invaliden= und
Altersrentnern schieden infolge der Rentenfestsetzung 6 gänzlich und 14 teil=
weise aus. Während des Verfahrens fielen 9, und nach Beginn des Renten=
bezuges 10 Personen der Armenpflege zur Last.

Die Armenpflege war öfter genötigt, vorläufig an Stelle der Arbeiter=
versicherung zu treten, und zwar insgesamt bei der Krankenversicherung in
200 Fällen, bei der Unfallversicherung in 20 Fällen, bei der Invaliditäts=
und Altersversicherung in 10 Fällen. Auch mußte die Armenpflege „in vielen
Fällen" neben der Arbeiterversicherung eintreten. „Die Kranken= bezw. Renten=
gelder werden bei Bemessung der statutenmäßigen Armenunterstützung nicht
vollständig, d. h. nicht ganz genau angerechnet."

Gnesen.

I. „Zur Sache selbst bemerken wir, daß die Gesamtarmenpflege hier im
Verhältnis der zunehmenden Bevölkerungsziffer gewachsen ist, ohne durch die
socialpolitische Gesetzgebung wesentlich beeinflußt zu werden. Als von einiger,
wenn auch untergeordneter Bedeutung, kann höchstens die Wirksamkeit der
Orts= und Betriebskrankenkassen in Frage kommen, dagegen sind die Unfall=,
hauptsächlich aber die Invaliditäts= und Altersversicherung, wie die bisherigen
Erfahrungen gelehrt haben, einstweilen fast gar nicht in Betracht zu ziehen.

Die Einrichtung der Krankenkassen kommt ohne Zweifel den Ortsarmenver=
bänden insofern sehr zu Hülfe, als dadurch die Zahl der früher in der
offenen und geschlossenen Armenkrankenpflege unterstützten Personen, sich ver=
ringert hat und voraussichtlich, trotz der zunehmenden Bevölkerung, auch
fernerhin nicht erheblich steigen dürfte."

II. Belastend für die Armenpflege wirkt der fortdauernde Zuzug länd=
licher Arbeiterfamilien. Nur eine geringe Zahl von Arbeitern war bereits
früher gegen Krankheit versichert.

III. Bevölkerung: 13 000, 14 000, 15 000, 15 000.

Gesamtzahl der Unterstützten (ausschließlich Waisenpflege): männlich
231, 255, 299, 283, weiblich 355, 431, 583, 570. Offene Krankenpflege:
männlich 99, 105, 113, 124, weiblich 128, 143, 187, 169. Geschlossene
Krankenpflege: männlich 31, 40, 33, 29, weiblich 31, 44, 45, 47. Almosen:
männlich 65, 68, 102, 109, weiblich 154, 194, 292, 312. Beerdigung:
männlich 36, 42, 51, 21, weiblich 42, 50, 59, 42. Waisenpflege: 77,
97, 89, 87.

IV. Gesamtausgaben: 25 000, 29 000, 39 000, 44 000. Offene
Krankenpflege: 1700, 1800, 2100, 2600. Geschlossene Krankenpflege:
1800, 2400, 2000, 2600. Almosen: 12 000, 15 000, 24 000, 28 000.
Waisenpflege: 6800, 8000, 6900, 6900.

V. Von 34 Rentenempfängern waren 3 in der Armenpflege, 2 fielen
während des Verfahrens, 1 nach Beginn des Rentenbezuges der Armen=
pflege anheim; hiervon schieden 2 gänzlich und 2 teilweise aus der Armen=
pflege.

Die Armenpflege war „in mehreren Fällen" genötigt, an Stelle der
Berufsgenossenschaften und Versicherungsanstalten einzutreten, weil sich die
Unterstützung durch die Arbeiterversicherungen „unerwartet lange verzögerte".
Bei der Krankenversicherung ist kein derartiger Fall zu verzeichnen. Neben
der Arbeiterversicherung mußte die Armenpflege nur in 2 Fällen, bei einem
Alters= und einem Invalidenrentenempfänger, eintreten.

Im allgemeinen gilt der Grundsatz, daß alle Leistungen der Armen=
pflege in Wegfall kommen, sobald der Versicherte in den Besitz einer not=
dürftig hinreichenden Rente gelangt. Der Verband betont die Notwendigkeit
der Benachrichtigung über die erfolgten Rentenfestsetzungen durch die Berufs=
genossenschaften.

Gotha.

„Was zunächst die Frage betrifft, welche Einwirkung die Arbeiterver=
sicherung auf die Thätigkeiten der öffentlichen Armenpflege der Stadt
Gotha nach unserer Ansicht gehabt habe, so können wir lediglich konstatieren
1. daß in einigen Fällen eine Einwirkung der Krankenversicherung uns
   dadurch bemerkbar geworden ist, daß entweder das Krankengeld zum
   Unterhalt einer Familie nicht ausreichte, so daß Armenunterstützung
   ergänzend hinzutreten mußte, oder daß nach Wegfall der Unter=
   stützung seitens einer Krankenkasse die Armenunterstützung erst not=
   wendig wurde;

2. daß in einigen Fällen der Beginn des Bezuges einer Invaliden= oder Altersrente zur Absetzung oder doch Minderung der seitherigen Armenunterstützung führte;

3. daß in höchst seltenen Fällen die Zuerkennung einer Unfallrente für die Armenpflege in gleicher Weise wie zu 2 fühlbar wurde.

Wir stehen nicht an, unsere Überzeugung dahin auszusprechen, daß der Einfluß der socialpolitischen Gesetze auf die Armenpflege ein weit größerer ist, als wir ihn auf Grund der vorgenannten Beobachtungen etwa zahlen= mäßig angeben könnten. Dieser Einfluß kann jedoch unseres Erachtens in seinem vollen Umfang von der Armenverwaltung mit den ihr zu Gebote stehenden Mitteln gar nicht gemessen werden, weil die Wirkungen der social= politischen Gesetze in den meisten Fällen wohl darin bestehen, daß Personen infolge der socialen Fürsorge vor dem Anheimfallen an die Armenpflege be= wahrt werden, also in den Listen der Armenverwaltung gar nicht erscheinen. Bedenkt man, daß die socialpolitischen Gesetze zu einer zahlenmäßig nach= weisbaren Minderung der Armenkosten in hiesiger Stadt jedenfalls noch nicht geführt haben, daß andererseits auch seit Einführung des Elberfelder Systems hier die Armenpflege wenigstens hinsichtlich der Höhe der gewöhnlichen Bar= und Naturalunterstützungen unseres Erachtens nicht intensiver geworden ist, so drängt sich der Gedanke auf, daß der Kreis der durch die socialpolitische Fürsorge geschützten Personen nur auf kurzer Strecke mit dem Kreis der= jenigen Personen zusammenfällt, die das Hauptkontingent der Armenpfleg= linge immer gebildet haben und noch bilden, daß auch die Wirkung der socialpolitischen Gesetze, sofern sie etwa vorbeugender Art ist und vor früh= zeitigem Anheimfallen an die Armenpflege bewahrt, erst nach Jahrzehnten in der Armenpflege fühlbar werde."

Graudenz.

I. „Der Einfluß der neuen socialen Gesetzgebung auf die Verringerung der Armenlasten ist unverkennbar, abgesehen davon, daß die Krankenkassen und die Unfallversicherung für die Arbeiterbevölkerung erheblich mehr leisten, als die Armenverwaltung in Krankheitsfällen und bei Unfällen zu leisten im stande wäre."

II. Belastend für die Armenpflege wirkten in den Jahren 1891/92 und 1892/93 die erhebliche Verteuerung der notwendigsten Lebensmittel, in den letzten 3 Jahren die Steigerung der Mieten, insbesondere der Arbeiter= wohnungen, der Zuzug der ländlichen Arbeiter.

III. Die Zuschüsse der Stadtgemeinde für Arme und Kranke betrugen in den vier Berichtsjahren: 33 900 Mk., 32 500, 31 900, 38 800.

Auf den Kopf der Bevölkerung kamen 1881/82: 2,21 Mk., nach dem Durchschnitt der Jahre 1881/85: 2,19, 1885/90: 1,89, 1889/90: 1,72, 1890/91: 2,07, 1892/93: 2,—.

IV. Von 61 Unfallrentnern und 39 Invaliden= und Altersrentnern „wären bei Nichtzahlung der Rente 23 bezw. 24 der öffentlichen Armen= pflege anheim gefallen und hätten zum Teil mit sehr erheblichen Beträgen unterstützt werden müssen". „Die Anwärter auf Unfall= und Invalidenrente mußten fast durchgehend im Wege der Armenpflege unterstützt werden, während die Unterstützung von Personen, welche Ansprüche auf Krankenunterstützung an eine Krankenkasse hatten, nur vereinzelt notwendig wurde. Es ist mir kein Fall bekannt, bei welchem nach Ablauf der ersten 13 Kurwochen die betreffende Berufsgenossenschaft sofort die Fürsorge für den Verletzten übernommen oder einer Kasse übertragen hätte. Die Feststellungen der Berufsgenossenschaften nahmen regelmäßig so lange Zeit in Anspruch, daß der Verletzte der öffentlichen Armenpflege anheimfallen muß. Dasselbe gilt auch von den Invalidenrentenberechtigten."

Neben der Krankenversicherung ist die Armenpflege nur „höchst selten" eingetreten, neben der Unfallversicherung in keinem Falle, dagegen in mehreren Fällen neben der Invaliditäts= und Altersversicherung.

Der Vorsitzende der Armenverwaltung ist zugleich Dezernent für Kranken= sowie Invaliditäts= und Altersversicherung. Die Polizei führt auf Grund der Beglaubigung der Rentenquittungen ein Verzeichnis über die Rentenempfänger, welches der Armenverwaltung regelmäßig zur Durchsicht vorgelegt wird.

Hohenstein.

I. Bevölkerung: 6400, 6800, 7500, 7800.

Gesamtzahl der Unterstützten: 43, 34, 67, 48. Offene Krankenpflege: männlich 33, 39, 47, 43, weiblich 41, 46, 51, 56. Geschlossene Krankenpflege: 9, 13, 13, 18. Almosen: männlich 17, 21, 24, 33, weiblich 37, 39, 42, 50. Beerdigung: 5, 8, 9, 7. Waisenpflege: 4, 5, 6, 8.

Ursachen. Krankheit: 3, 4, 4, 2. Siechtum: männlich 7, 9, 6, 9, weiblich 14, 13, 17, 18. Altersschwäche: männlich 8, 10, 15, 22, weiblich 22, 23, 23, 32.

II. Gesamtausgaben: 12 500, 10 700, 16 500, 14 000. Offene Krankenpflege: 6300, 3600, 9400, 6400. Geschlossene Krankenpflege: 2400, 2200, 2600, 2400. Almosen: 3400, 3800, 4500, 4300. Waisenpflege: 400, 900, 900, 700.

Jauer.

I. „Eine thatsächliche Entlastung der Armenpflege durch Einführung der Unfall=, Alters= und Invaliden=Versicherung hat sich bisher überhaupt nicht bemerkbar gemacht.

II. Bevölkerung: 10 000, 11 100, 11 500.

Geschlossene Krankenpflege: männlich 46, 75, 45, 59, weiblich 25, 34, 28, 41. Almosen: 194, 200, 220, 200. Beerdigung: 27, 51, 29, 38. Waisenpflege: 11, 6, 13, 14.

III. Gesamtausgaben: 18 000, 19 000, 21 000, 21 000. Geschlossene Krankenpflege: 3600, 5700, 5700, 7000. Almosen: 12 000, 11 100, 11 900, 10 200. Waisenpflege: 2900, 2700, 3100, 3800. Erstattungen der Krankenversicherung (seit 1885): 102, 49, 180.

IV. Von 52 Rentenempfängern waren 10 in der Armenpflege, hiervon schieden 2 gänzlich aus. Eine Person fiel während des Verfahrens der Armenpflege anheim.

Insterburg.

I. Einige Familien wurden durch Unfallrente erhalten, die sonst der Armenpflege anheim gefallen wären.

Bis Ende Dezember 1893 sind 152 Alters= und 36 Invalidenrenten bewilligt „und dadurch mehrere Personen in den Stand gesetzt worden, der Armenpflege nicht zu bedürfen". „Aber alle diese Renten zusammengenommen kommen gegenüber den die Ausgaben der Armenverwaltung sonst beein= flussenden Faktoren — strenger Winter, Teuerung, Arbeitslosigkeit, Epi= demie — kaum in Betracht."

„Für die Zukunft ist eine Abnahme der Armenlast von der Bewilligung der Invalidenrente zu erwarten, jedoch erst nach dem Absterben der jetzt Armenunterstützung genießenden Invaliden."

II. Die Zahl der im Siechenhaus verpflegten Personen ist von 128 im Jahre 1883/84 auf 89 im Jahre 1892/93 zurückgegangen, ebenso die Zahl der Krankentage von 7236 auf 4688. Die Zahl der im Friedrich=Wilhelm= Victoria=Stift verpflegten Personen ist von 114 im Jahre 1883/84 auf 78 im Jahre 1892/93 gesunken, ebenso die Zahl der Krankentage von 4594 auf 2466.

III. Die Ausgaben betrugen pro Kopf der Bevölkerung im Jahre 1883/84: 2,04 Mk.; im Jahre 1892/93: 1,99.

Lissa.

I. Die Stadt ist hauptsächlich eine Beamten= und Handelsstadt; es existieren fast gar keine Fabriken, auch der Handwerkerstand ist nicht von Bedeutung. „Die Wirkung der neuen Arbeiterversicherungsgesetze war daher, zumal bei der erst kurzen Zeit ihres Bestehens, hier noch nicht so besonders zu verspüren."

II. Seit Mai 1886 ist eine neue Organisation der Armenpflege ein= getreten. Sonst haben besondere Ursachen, abgesehen von langem und hartem Winter, z. B. im Jahre 1893, auf die Armenpflege nicht eingewirkt.

III. Bevölkerung: 11 000, 12 000, 13 000.

Gesamtzahl der Unterstützten: männlich 202, 225, 189, 213, weiblich 312, 317, 310, 298. Offene Krankenpflege: männlich 28, 29, 9, 3, weib= lich 35, 26, 28, 12. Geschlossene Krankenpflege: männlich 89, 113, 131, 157, weiblich 54, 46, 57, 50. Almosen: männlich 83, 76, 45, 47, weib= lich 220, 224, 221, 228. Beerdigung: 5, 8, 8, 14. Waisenpflege: 3, 14, 10, 10.

Ursachen. Krankheit: männlich 116, 142, 140, 160, weiblich 88, 72, 85, 62. Altersschwäche: männlich 85, 83, 49, 51, weiblich 223, 245, 225, 235.

IV. Gesamtausgaben: 20 000, 24 000, 27 000, 27 000. Offene Kranken= pflege: 680, 680, 730, 1080. Geschlossene Krankenpflege: 9500, 8700, 9800, 10 900. Almosen: 7100, 10 300, 12 400, 11 400. Waisenpflege: 2600, 4500, 4200, 3900.

Erstattungen von Krankenkassen: 324, 454, 771, 831.

V. Von 63 Rentenempfängern waren 11 in der Armenpflege; hiervon schieden 8 gänzlich und 3 teilweise aus. 4 Personen (darunter 2 Unfall=rentner) fielen während des Verfahrens der Armenpflege anheim.

Sonst war die Armenpflege nicht öfter genötigt, an Stelle oder neben der Arbeiterversicherung einzutreten.

Löbau i. Sachsen.

I. Bevölkerung: 6000, 7000, 7400.

Gesamtzahl der Unterstützten: männlich 287, 166, 115, 207, weiblich 126, 152, 122, 137. Geschlossene Krankenpflege: männlich 254, 134, 87, 177, weiblich 4, 5, 0, 7. Almosen: männlich 33, 32, 28, 30, weiblich 122, 147, 122, 130. Beerdigung: männlich 14, 9, 3, 8, weiblich 3, 4, 1, 3. Waisenpflege: 1, 1, 5, 2.

Ursachen. Krankheit: männlich 261, 141, 97, 184, weiblich 7, 19, 13, 21. Siechtum: 8, 9, 6, 5. Altersschwäche: männlich 2, 7, 11, 4. weiblich 24, 31, 27, 16.

II. Gesamtausgaben: 16 000, 15 000, 15 000, 17 000. Geschlossene Krankenpflege: 5700, 4000, 2700, 5000. Almosen: 4600, 4900, 4500, 7000. Waisenpflege: 900, 920, 1000, 1600.

Luckenwalde.

I. Der größte Teil der Arbeiterbevölkerung war bereits früher gegen Krankheit versichert.

II. Bevölkerung (für die letzten 3 Berichtsjahre): 16 000, 18 000, 19 000.

Offene Krankenpflege: 485, 378, 577. Geschlossene Krankenpflege: 363, 843, 738. Almosen: 462, 372, 425. Beerdigung: 28, 23, 25. Waisenpflege: 44, 38, 46.

III. Gesamtausgaben: 22 000, 32 000, 35 000. Offene Krankenpflege: 12 700, 13 000, 14 000. Geschlossene Krankenpflege: 9200, 19 800, 21 000. Almosen: 12 600, 12 900, 14 800. Waisenpflege: 2900, 2600, 2500.

Erstattungen von Krankenkassen: 434, 2654, 3610.

IV. Acht Personen schieden infolge der Rentenfestsetzung aus der Armen=pflege gänzlich aus. An Stelle oder neben der Arbeiterversicherung brauchte die Armenpflege nicht einzutreten.

Von jeder Rentenbewilligung erhielt die Verwaltung durch das Inva=liditäts= und Altersversicherungs=Bureau Kenntnis.

Marburg.

I. Bevölkerung: 11 000, 12 000, 14 000.

Gesamtzahl der Unterstützten: männlich 106, 55, 64, 100, weiblich 87, 93, 151, 105. Geschlossene Krankenpflege: männlich 68, 41, 60, 83, weib=lich 4, 3, 4, 10. Almosen: männlich 47, 24, 27, 17, weiblich 74, 80, 124, 95. Beerdigung: männlich 10, 7, 8, 3, weiblich 12, 3, 13, 4. Waisenpflege: 24, 16, 20, 29.

Ursachen. Krankheit: männlich 68, 48, 60, 83, weiblich 4, 6, 4, 10. Siechtum: männlich 28, 31, 34, 2, weiblich 35, 30, 77, 65. Altersschwäche: männlich 19, 16, 12, 15, weiblich 39, 17, 28, 30.

II. Gesamtausgaben: 28 700, 27 600, 31 200, 28 400. Geschlossene Krankenpflege: 720, 386, 1174, 1990. Almosen: 27 000, 26 000, 28 000, 24 000. Waisenpflege: 4900, 3200, 5500, 6000.

III. Von 13 Rentenempfängern waren 4 in der Armenpflege. Hiervon schied eine Person gänzlich aus, 3 Personen fielen nach Beginn des Rentenbezuges der Armenpflege anheim.

Meiningen.

I. „Auf die hiesige öffentliche Armenpflege hat die Arbeiterversicherung erfahrungsgemäß bis jetzt wenig oder nicht entlastend eingewirkt."

II. Die in wesentlichem Umfange geübte Privatwohlthätigkeit ist von „merklichem Einfluß" auf die öffentliche Armenpflege.

III. Bevölkerung: 10 000, 11 000, 12 000, 12 700. Gesamtzahl der Unterstützten: männlich 413, 405, 336, 338, weiblich 375, 381, 370, 322. Offene Krankenpflege: männlich 178, 165, 168, 56, weiblich 243, 226, 163, 119. Geschlossene Krankenpflege: männlich 164, 113, 87, 128, weiblich 52, 54, 36, 53. Almosen. männlich 50, 106, 128, 131, weiblich 64, 92, 151, 157. Beerdigung: 31, 25, 18, 23. Waisenpflege: 6, 12, 13, 13. Ein großer Teil der Waisenkinder wird auf Kosten von Stiftungen verpflegt.

IV. Gesamtausgaben: 13 600, 15 400, 16 300, 16 400. Offene Krankenpflege; 1130, 1160, 1310, 1030. Geschlossene Krankenpflege: 11 100, 10 900, 10 300, 11 400. Almosen: 1400, 1600, 1800, 1200. Waisenpflege (für die letzten 3 Berichtsjahre): 1700, 2900, 2700.

V. Von den 16 Rentenempfängern befanden sich 3 in der Armenpflege; hiervon schieden 2 gänzlich aus. Nur in einem Falle ist die Armenpflege genötigt gewesen, an Stelle und neben der Unfallversicherung einzutreten.

Neustrelitz.

I. „Eine Entlastung der Armenpflege durch Unfall-, Alters- und Invalidenrente ist nur in geringem Maße eingetreten."

II. Im Jahre 1886 trat eine wesentliche Änderung in der Organisation der Armenpflege ein, welche belastend wirkte.

III. Bevölkerung: 8600, 8600, 8700. Gesamtzahl der Unterstützten (für die letzten 3 Berichtsjahre): männlich 41, 52, 53, weiblich 96, 128, 130. Offene Krankenpflege: 5, 7, 7. Geschlossene Krankenpflege: 22, 20, 52. Almosen: männlich 20, 29, 35, weiblich 67, 97, 96. Beerdigung: 13, 12, 13. Waisenpflege: 8, 7, 9.

IV. Gesamtausgaben: 17 400, 19 500, 24 000, 26 700. Offene Krankenpflege: 290, 112, 27, 34. Geschlossene Krankenpflege: 1600, 800, 500, 1600. Almosen: 6400, 6600, 9000, 9800. Waisenpflege: 5600, 5700, 5400, 5300.

V. Von 86 Rentenempfängern waren 11 in der Armenpflege; hiervon
schieden 6 gänzlich und 4 teilweise aus. 2 fielen während des Verfahrens
der Armenpflege anheim. „In vereinzelten Fällen" war die Armenpflege
genötigt, an Stelle und neben der Arbeiterversicherung einzutreten, letzteres
wegen Geringfügigkeit des Krankengeldes „speciell dort, wo die Zahl der
Familienglieder eine größere war".

Von der Festsetzung der Invaliden= und Altersrente erhält die Ver=
waltung amtlich Kenntnis.

Nördlingen.

I. „Durch die Unfall=, Alters= und Invaliditätsversicherung macht sich
insofern einige Erleichterung für die Armenpflege fühlbar, als, wenn auch
nicht die Anzahl der unterstützten Personen sich gemindert hat, doch in
einzelnen Fällen die Gaben in beschränkterem Umfange bemessen werden
konnten."

II. Ein großer Teil der Arbeiterbevölkerung war bereits früher gegen
Krankheit versichert.

III. Bevölkerung (in den 3 ersten Berichtsjahren): 7700, 8000, 8000.
Almosen: 175, 175, 180, 166. Beerdigung: 9, 15, 11, 7. Für
die geschlossene Krankenpflege tritt die Wohlthätigkeits=Stiftung ein.

IV. Gesamtausgaben: 15 400, 19 600, 22 100, 20 900.

V. Von 44 Rentenempfängern waren 17 in der Armenpflege, hiervon
schieden 8 teilweise aus. „In einzelnen Fällen mußte neben dem Kranken=
gelde bei zahlreicher Familie noch für die Kinder Essen und Brot gegeben
werden, wofür die Kosten jedoch nicht von der öffentlichen Armenpflege,
sondern von der Wohlthätigkeits=Stiftung getragen wurden. Ebenso waren
in wenigen Fällen nach Ablauf der 13 wöchigen Krankenhilfe Unter=
stützungen bis zur Festsetzung einer Unfall= oder Invalidenrente zu gewähren."

Oppeln.

I. „Die Armenpflege ist durch die Arbeiterversicherung thatsächlich ent=
lastet worden. Bei der Kranken= und Unfallversicherung können hierüber
Zahlennachweise nicht gegeben werden. Dagegen sind in hiesiger Stadt bei
einer Einwohnerzahl von rund 21 000 und bei durchschnittlich 600 Unter=
stützten pro Jahr in der Zeit vom 1. Januar 1891 bis 31. Dezember 1893
insgesamt an 47 Personen Altersrenten und an 41 Personen Invaliden=
renten gewährt worden. Infolge dieser Rentenbewilligung schieden aus der
Armenpflege gänzlich aus 15 Personen und jene 12 Alters= und 3 In=
validenrentenempfänger. Von den übrigen 73 Rentenempfängern würde,
wenn das Gesetz vom 22. Juni 1889 nicht bestände, der größte Teil der
Armenpflege anheimgefallen sein, bezw. später anheimfallen."

II. Bevölkerung (in den letzten 3 Berichtsjahren): 15 900, 20 200,
21 200.

Gesamtzahl der Unterstützten: 520, 573, 547. Offene Krankenpflege:
330, 340, 370. Geschlossene Krankenpflege: 172, 95, 116. Almosen: 423,
466, 442. Beerdigung: 64, 70, 78. Waisenpflege: 46, 48, 52.

III. Gesamtausgaben: 34 700, 46 100, 50 600. Offene Krankenpflege: 260, 240, 300. Geschlossene Krankenpflege: 4900, 8100, 7300. Die Einführung der Arbeiterverficherung hat zur Vermehrung der Einrichtungen für die geschlossene Krankenpflege von ungefähr 50 % Anlaß gegeben. Almosen: 24 400, 30 900, 33 900. Waisenpflege: 5000, 6700, 9000.

IV. Vergl. unter I.

An Stelle oder neben der Arbeiterverficherung brauchte die Armenpflege nicht einzutreten.

Radeburg.

I. „Nach unserer Ansicht hat die Arbeiterverficherung die öffentliche Armen= pflege hier insofern etwas entlastet, als sie die seither wahrzunehmen gewesene Steigerung der Bedürfnisse etwas aufgehalten hat. Eine Unterstützung aus öffentlichen Armenmitteln neben dem Bezuge von Invaliden= oder Alters= renten ist nicht begehrt worden, so daß thatsächlich durch diese Arbeiterver= ficherung die Fürsorge für mehrere Personen der öffentlichen Armenpflege nicht anheim gefallen ist.

Hinsichtlich der Unfallversicherung läßt sich dies nicht recht beurteilen, sie dürfte nur wenig auf die Thätigkeit der öffentlichen Armenpflege ein= gewirkt haben, ebenso die Krankenversicherung. In einigen wenigen Fällen kann auch angenommen werden, daß eine öffentliche Unterstützung hätte ein= treten müssen, wenn die Unfall= oder Krankenversicherung nicht bestanden hätte.

Im allgemeinen kann man hier annehmen, daß die Lebenshaltung der= jenigen Leute eine bessere geworden ist, die Bezüge aus einer oder mehreren der Arbeiterverficherungen hatten, so daß die Thätigkeit der öffentlichen Armen= pflege in mehreren Fällen wird unnötig geworden sein, während sonst aus Mangel an rechtzeitiger ärztlicher Hilfe, an Medizin, an den notwendigsten Geldmitteln Verschlimmerung der Zustände hätte eintreten und hierdurch ein Eingreifen der öffentlichen Armenpflege zur Notwendigkeit hätte werden können.“

II. Bevölkerung: 2600, 2700, 2900, 2900.

Gesamtzahl der Unterstützten: 90, 90, 70, 70. Offene Krankenpflege: 8, 6, 0, 2. Geschlossene Krankenpflege: 5, 4, 17, 8. Almosen: männlich 22, 22, 18, 12, weiblich 34, 39, 33, 29. Beerdigung: 7, 3, 4, 2. Waisenpflege: 7, 8, 1, 3.

Ursachen. Krankheit: 5, 11, 16, 8. Siechtum: 15, 4, 6, 4. Alters= schwäche: 16, 17, 13, 18.

III. Gesamtausgaben: 5700, 8700, 12 300, 10 100. Offene Kranken= pflege: 250, 220, 110, 160. Geschlossene Krankenpflege: 350, 410, 1520, 1380. Almosen: 2400, 2500, 3500, 3700. Waisenpflege: 1400, 1900, 1500, 970.

IV. Von 9 Rentenempfängern schied einer infolge der Rentenfestsetzung aus der Armenpflege; einer fiel während des Verfahrens der Armenpflege anheim.

Schneeberg.

I. „Generell können wir diesen Einfluß nach unseren Verhältnissen dahin feststellen, daß die Krankenkassen in den Beträgen des gezahlten

Krankengelds die Armenkasse zu 50 % entlasten (ca. 2000 Mark), während Kurkosten vielleicht nur zu 25 % verlangt worden wären (ca. 1000 Mark). Die Unfallsrentner würden meist mit Familie der Armenkasse zur Last fallen, bei uns ca. 1000 Mark, ebenso die Invalidenrentner ca. 800 Mark, von den Altersrentnern würden uns ca. 50 % völlig oder teilweise zur Last fallen, ca. 1500 Mark, sodaß uns die Arbeiterversicherungsgesetzgebung, indem man annimmt, daß 25—50 % von der Armenkasse verlangt werden würden, ca. 2400 Mark jährlich erspart, welche mit ca. 75 % den von der Reichsgesetzgebung nicht betroffenen Almosenempfängern zufließen. Andererseits sind allerdings die Ansprüche der Bevölkerung an die Armenkasse zufolge der Rechtszuständigkeiten durch die Reichsgesetzgebung generell so gewachsen, daß wir die weiteren 25 % wieder mehr aufwenden, um den gesteigerten standard of life der bedürftigen, nicht von der Reichsgesetzgebung in concreto begünstigten Armen zu befriedigen."

An anderer Stelle wird bemerkt, daß die Entlastung der Armenpflege durch die Arbeiterversicherung eine „bedeutende" ist.

II. Der größte Teil der Arbeiterbevölkerung war bereits früher gegen Krankheit, die Bergarbeiter waren auch gegen Unfall und Invalidität versichert.

Seit 1. Oktober 1888 ist die Krankenversicherungspflicht auf die landwirtschaftlichen Arbeiter (10 % der Versicherten) ausgedehnt worden.

Seit 1878 ist das Elberfelder System eingeführt.

Die allgemeinen Erwerbsverhältnisse haben sich dauernd gebessert und entlastend, dagegen seit 1893 Arbeitsmangel belastend gewirkt.

III. Bevölkerung: 7600, 7900, 8100, 8100.

Gesamtzahl der Unterstützten: männlich 131, 89, 59, 62, weiblich 214, 170, 154, 135. Offene Krankenpflege: männlich 45, 25, 13, 12, weiblich 12, 26, 17, 14. Geschlossene Krankenpflege: männlich 40, 40, 24, 26, weiblich 32, 31, 22, 12. Almosen: männlich 46, 24, 22, 24, weiblich 170, 113, 115, 109. Beerdigung: 13, 5, 6, 3.

IV. Gesamtausgaben: 16 500, 15 300, 13 700, 14 400. Offene Krankenpflege: 3000, 2200, 1900, 2700. Geschlossene Krankenpflege: 5100, 6000, 4700, 4100. Almosen: 7700, 5900, 6200, 6600. Waisenpflege: 590, 1170, 780, 930.

V. Von 38 Rentenempfängern waren 2 in der Armenpflege, welche infolge der Rentenbewilligung gänzlich ausschieden.

An Stelle der Krankenversicherung und Invaliditätsversicherung brauchte die Armenpflege nicht einzutreten. Dagegen mußte die Armenpflege bei der Unfallversicherung in 30 % der Fälle wegen Verzögerung der Festsetzung der Rente vorläufig eingreifen.

Neben der Arbeiterversicherung mußte die Armenpflege nur „ausnahmsweise" eintreten. „Das Krankengeld langt bei nicht zu langer Dauer der Krankheit auch für den Unterhalt der Familie meist. Die Rente der Berufsgenossenschaften bei Betriebsunfall ist meist eine völlig auskömmliche auch für die Familie, so daß hier nur ganz ausnahmsweise Zuschuß gezahlt wird. Die Invalidenrente langt an sich völlig für den Unterhalt des Unterstützten, nicht aber für die Familie, sofern diese wegen Jugend, Erwerbsunfähigkeit u. s. w. sich selbst nicht erhalten kann. Die Altersrente ist für den Unterstützten und seinen Ehegatten — Kinder sind selbst erwerbsfähig — genügend, um ohne Armenkassenzuschuß auszukommen. Nur bei Krankheit des einen oder anderen Ehegatten macht sich dieser erforderlich. Die Zuschußfälle betrugen bei Invaliden- und Altersrenten etwa 10 %."

Die Gewährung der Invaliden- und Altersrenten, meist auch der Unfallrenten, wird der Verwaltung amtlich mitgeteilt. „Unfallrenten sind auch durch die vermittelnde Postanstalt eventuell zu erfahren."

Schweinfurt.

„Die neue Social-Gesetzgebung hat auf die Aufgaben der Armengesetzgebung bis dato keinerlei Einwirkung. Die Armenkasse der hiesigen Stadt hat durch die Arbeiterversicherungsgesetze eine Entlastung nicht erfahren; die Bezüge aus Versicherungskassen sind in der Regel so gering, daß sie kaum zum allernotwendigsten Lebensbedarf zureichen und bei Unterstützungsgesuchen kaum in Betracht kommen können."

Siegen.

„Die Einführung der Krankenversicherungsgesetzgebung hat einen merklichen Einfluß auf die Thätigkeit der hiesigen öffentlichen Armenpflege nicht geübt, weil bereits vor dem Inkrafttreten dieser Gesetzgebung eine ganze Reihe von Versicherungseinrichtungen (eingeschriebene Hilfskassen, Fabrik- und sonstige Unterstützungskassen) bestand. Wohl aber ist eine Einwirkung der Unfall-, sowie Invaliditäts- und Altersversicherungsgesetzgebung, wenn vorerst auch noch in geringem Maße, zu bemerken gewesen."

Thorn.

I. „Die neuen sogenannten socialen Gesetze (Arbeiterversicherung) haben sich, obschon denselben noch mancherlei Mängel anhaften, als sehr zweckmäßig und wohlthätig bewährt. Die neue Gesetzgebung hat die Armenverbände wesentlich entlastet und viel Elend beseitigt bezw. wesentlich gemildert.

Denn die von den Krankenkassen, Berufsgenossenschaften u. s. w. gewährten, gesetzlich normierten Unterstützungen und Renten sind im Verhältnis zu den Armenunterstützungen, die man in dergleichen Fällen zu bewilligen pflegte, in den meisten Fällen reichlich bemessen und die Zahlung erfolgt prompt. — Das Hauptmoment hierbei ist aber der moralische Effekt, der in dem erhebenden Bewußtsein des Arbeiters liegt, daß er mit seiner Familie im Falle seiner Erwerbsunfähigkeit nicht dem Elende preisgegeben, vielmehr auf Grund der geleisteten Kassenbeiträge eine gesetzlich (nicht willkürlich) normierte Unterstützung von der zuständigen Kasse zu fordern berechtigt sei und nicht um ein Almosen bei den häufig rauhen und engherzigen Organen der Armenverwaltung zu betteln gezwungen sei."

II. Im Juli 1885 ist die Armenpflege zum Teil nach den Grundsätzen des Elberfelder Systems reorganisiert worden.

Die Verhältnisse der Stadt müssen seit 1880 bis auf die neueste Zeit als exceptionelle gelten, weil die Ausführung sehr bedeutender Staatsbauten einen Zufluß größerer Menschenmassen zur Folge gehabt hat.

III. Bevölkerung (in den ersten drei Berichtsjahren): 18 000, 19 000, 21 000. Die folgenden Angaben sind für die letzten drei Berichtsjahre gemacht.

Gesamtzahl der Unterstützten: männlich 600, 600, 550, weiblich 820, 850, 810. Offene Krankenpflege: männlich 40, 35, 30, weiblich 190, 170, 150. Geschlossene Krankenpflege: männlich 290, 270, 275, weiblich 150, 190, 203. Almosen: männlich 165, 190, 180, weiblich 420, 440, 400. Beerdigung: männlich 100, 89, 57, weiblich 53, 45, 47. Waisenpflege: 24, 28, 29.

Ursachen. Unfall: männlich 33, 32, 35, weiblich 10, 6, 5. Krankheit: männlich 119, 265, 270, weiblich 92, 197, 210. Siechtum: männlich 20, 33, 40, weiblich 43, 45, 55. Altersschwäche: männlich 61, 68, 75, weiblich 157, 172, 170.

IV. Gesamtausgaben: 69 000, 83 000, 84 000. Offene Krankenpflege: 900, 1050, 1000. Geschlossene Krankenpflege: 17 000, 23 500, 22 200. Almosen: 37 000, 39 500, 40 900. Waisenpflege: 14 200, 19 500, 20 000. Erstattungen von Krankenkassen: 5300, 12 600, 6700. Berufsgenossenschaften: 700, 560. Versicherungsanstalten: 120.

V. Von 46 Unfallrentnern waren 6 in der Armenpflege; hiervon schieden 5 gänzlich und 1 teilweise aus; 2 fielen nach Beginn des Rentenbezuges der Armenpflege anheim. Von 64 Invaliden- und Altersrentnern waren 14 in der Armenpflege; hiervon schieden 13 gänzlich und 1 teilweise aus; 3 fielen nach Beginn des Rentenbezuges der Armenpflege anheim. „Nur selten" ist die Armenpflege an Stelle der Arbeiterversicherung vorläufig eingetreten.

Weimar.

I. Die allgemeinen Erwerbsverhältnisse haben sich 1891/92 bedeutend verschlechtert; dadurch ist die Armenpflege erheblich belastet.

II. Bevölkerung: 20 000, 20 800, 23 800, 25 500.

Gesamtzahl der Unterstützten: männlich 30, 50, 35, 52, weiblich 110, 164, 145, 170. Offene Krankenpflege: 42, 62, 41, 68. Geschlossene Krankenpflege: 36, 29, 26, 22. Almosen: männlich 50, 60, 45, 65, weiblich 140, 190, 165, 190. Beerdigung: 16, 5, 9, 6. Waisenpflege: 2, 9, 3, 5.

III. Gesamtausgaben: 15 400, 16 000, 17 400, 19 400. Offene Krankenpflege: 1170, 2030, 2310, 2500. Geschlossene Krankenpflege: 7560, 8480, 8440, 7800. Almosen: 7430, 6050, 6680, 8770. Waisenpflege: 100, 800, 300, 500.

IV. Von 79 Rentenempfängern waren 4 in der Armenpflege; hiervon schieden 2 gänzlich und 1 teilweise aus.

Die Armenpflege war „öfter" genötigt, an Stelle der Arbeiterversicherung und „recht oft" neben der Arbeiterversicherung einzutreten.

C. Kleinere Städte.

Blankenhain i. Th.

I. Bevölkerung: 2500, 2700, 2700.
Gesamtzahl der Unterstützten: 22, 31, 21, 48. Offene Krankenpflege: 10, 16, 12, 22. Geschlossene Krankenpflege: 6, 6, 3, 7. Almosen: 6, 9, 6, 10. Beerdigung: 0, 1, 0, 2. Waisenpflege: 4, 1, 0, 0.
Ursachen. Unfall: 0, 1, 1, 1. Krankheit: 11, 10, 8, 18. Siechtum: 2, 3, 3, 6. Altersschwäche: 9, 17, 9, 14.
II. Gesamtausgaben: 932, 2182, 1059, 2533. Offene Krankenpflege: 61, 703, 366, 691. Geschlossene Krankenpflege: 336, 512, 98, 725. Almosen: 427, 950, 593, 1115. Waisenpflege: 107, 16, 0, 0.
III. Die 2 überhaupt vorhandenen Rentenempfänger waren in der Armenpflege und schieden aus derselben infolge der Rentenfestsetzung.

Callnberg.

I. Vor Inkrafttreten der Arbeiterversicherung bestand „eine Krankenkasse für Gewerbsgehilfen, in welcher sich alle Personen, welche gegen Gehalt oder Lohn beschäftigt wurden, gegen Krankheit . . . versichern mußten."
II. Sämtliche Angaben werden nur für die drei ersten Berichtsjahre gemacht.
Bevölkerung: 2800, 2800, 2970.
Gesamtzahl der Unterstützten: 65, 55, 42. Offene Krankenpflege: 2, 6, 4. Geschlossene Krankenpflege: 10, 10, 9. Almosen: männlich 14, 15, 22, weiblich 35, 27, 20. Beerdigung: 4, 4, 4.
III. Gesamtausgaben: 3900, 3100, 3290. Offene Krankenpflege: 270, 250, 145. Geschlossene Krankenpflege: 640, 590, 550. Almosen: 2600, 1900, 2300. Waisenpflege: 380, 320, 230.
II. Drei Personen bezogen Altersrente.

Cöthen.

I. Eine Entlastung der Armenpflege hat sowohl durch die Krankenversicherung als auch durch die Unfall- und Invaliditäts- und Altersversicherung in nicht geringem Umfange stattgefunden und sind die Wirkungen einer jeden der drei Arbeiterversicherungen auf die Armenpflege zweifellos gleichmäßig. Wenn sich dies auch durch die Zahlen hinsichtlich der Krankenversicherung mehr äußert, so ergiebt sich doch aus der Praxis, daß ohne die andern beiden Arbeiterversicherungen die Ausgaben der Armenpflege bestimmt um ein Bedeutendes höher sein würden.
Diese Wirkungen indes ziffermäßig nachzuweisen, befinden wir uns außer stande."
II. Im Jahre 1885 wurde eine umfassende Revision der Verhältnisse der Almosenempfänger vorgenommen, die mehrere Unterstützungsentziehungen zur Folge hatte.

5*

Seit einigen Jahren ist die Armenpflege verstärkt worden, insbesondere durch Verabreichung von Winterfeuerung und Speisung von Kindern und Almosenempfängern.

III. Bevölkerung. 1885: 17 400, 1890: 18 200.

Gesamtzahl der Unterstützten von 1884 bis 1893: 730, 590, 584, 501, 523, 541, 612, 631, 599, 614.

IV. Gesamtausgaben von 1884 bis 1893: (in Tausenden Mark) 45, 40, 38, 38, 40, 40, 39, 40, 42, 44.

Erstattungen 1890 bis 1893 von Krankenkassen: 148, 223, 162, 242, von Berufsgenossenschaften: 89, 211 374, 342.

V. „Nicht gerade in häufigen, wohl aber in verschiedenen Fällen hat die Armenpflege neben den Leistungen der Arbeiterversicherung, insbesondere Unfallversicherung — und auch vorläufig an Stelle derselben — Unfall- und Invaliditätsversicherung — eintreten müssen.

In wenigen Fällen, d. h. in solchen, in denen die Voraussetzungen für ein Eintreten einer andern Arbeiterversicherung nicht vorhanden, waren Kranke nach Beendigung der Krankenfürsorge in die Armenpflege zu übernehmen.

Ebenso fielen in nur wenigen Fällen Angehörige von in Anstalten verpflegten Kranken der Armenpflege zur Last.

Häufiger waren die Fälle, in denen Empfängern von Unfall- oder Invalidenrenten, weniger von Altersrenten, im Wege der öffentlichen Armenpflege beigesprungen werden mußte und zwar teils wegen zu geringer Höhe der Rente — namentlich der Unfallrente — und teils wegen Krankheit in der Familie oder großer Kinderzahl.

Gleichfalls häufig mußte Armenpflege geübt werden vor Beginn der Rentenbezüge; es sind dieserhalb aber nur in wenigen Fällen die Berufsgenossenschaften oder Versicherungsanstalten in Anspruch genommen worden und dies insbesondere nur dann, wenn höhere Unfallrenten zu erwarten standen, oder wenn es sich um Invalidenrenten handelte und die Erstattungen bezw. Rentenüberweisungen ohne wirtschaftlichen Nachteil für die Rentenempfänger erfolgen konnten.“

Döbeln.

I. Bevölkerung: 11 000, 11 000, 12 000,

Gesamtzahl der Unterstützten: 300, 310, 320, 400. Offene Krankenpflege: 64, 42, 31, 45. Geschlossene Krankenpflege: 52, 100, 62, 120. Almosen: männlich 60, 42, 63, 64, weiblich 124, 108, 160, 177. Beerbigung: 21, 26, 25, 37. Waisenpflege: 3, 0, 0, 5.

II. Gesamtausgaben: 16 000, 20 000, 22 000, 29 000. Offene Krankenpflege: 1100, 440, 430, 470. Geschlossene Krankenpflege: 3500, 4600, 3900, 7800. Almosen: 7000, 11 000, 12 000, 15 000. Waisenpflege: 480, 390, 370, 380. Der Jahresaufwand für das Waisenhaus beträgt ca. 15 000 Mark und wird aus einer Stiftung bestritten.

III. Von 74 Rentenempfängern befanden sich 5 in der Armenpflege, welche infolge der Rentenfestsetzung gänzlich ausschieden.

„Nur in einzelnen Fällen" mußte die Armenpflege an Stelle und neben der Arbeiterversicherung eintreten. Von der Festsetzung der Invaliden= und Altersrenten erhält der Verband amtlich Nachricht.

Dahlen.

I. Gesamtzahl der Unterstützten: männlich 11, 18, 10, 12, weiblich 27, 28, 50, 41. Offene Krankenpflege: 11, 5, 8, 13. Geschloffene Krankenpflege: 13, 10, 35, 55. Almofen: männlich 10, 9, 10, 6, weib= lich 27, 25, 36, 30. Waifenpflege: 5. 6, 8, 7.

Urfachen. Krankheit: 5, 7, 37, 68. Siechtum: 8, 10, 9, 8. Alters= ſchwäche: 4, 3, 4, 8.

II. Gesamtausgaben: 3400, 3600, 5700, 5500. Offene Kranken= pflege: 60, 54, 98, 138. Geschloffene Krankenpflege: 1100, 1600, 2300. 2500. Almofen: 1400, 1600, 2300, 2000. Waifenpflege: 270, 411, 611, 572,

Erstattungen 1890 und 1893 von Krankenkaffen: 50, 24, von Berufs= genoffenschaften: 12, 245.

III. Von 18 Rentenempfängern befand sich einer in der Armenpflege, welcher infolge der Rentenfestsetzung teilweise ausschied.

Eldagsen (Hannover).

I. Gesamtzahl der Unterstützten: männlich 15, 8, 21, 8, weiblich 18, 25, 18, 13. Offene Krankenpflege: 4, 2, 7, 3. Geschloffene Krankenpflege: 2, 3, 2, 1. Almofen: männlich 10, 7, 14, 6, weiblich 17, 19, 16, 11. Beerdigung: 1, 0, 6, 0. Waifenpflege: 0, 2, 0, 0.

Urfachen. Krankheit: 6, 1, 5, 3. Siechtum: 0, 4 9, 6. Alters= ſchwäche: männlich 3, 0, 2 1, weiblich 10, 7, 6, 4.

II. Gesamtausgaben: 2000, 1800, 2400, 1400. Offene Kranken= pflege: 333, 78, 233, 83. Geschloffene Krankenpflege: 409, 300, 151, 79. Almofen: 1100, 1200, 1600, 1000. Waifenpflege: 160, 150, 430, 240.

Es waren vorhanden: 9 Unfallrentner, 23 Altersrentner und 7 In= validenrentner.

Frankenhausen.

I. Bevölkerung: 4900, 4900, 5900.

Gesamtzahl der Unterstützten: männlich 41, 56, 66, 81, weiblich 71, 163, 147, 138. Offene Krankenpflege: männlich 7, 1, 3, 8, weiblich 3, 5, 2, 4. Geschloffene Krankenpflege: 4, 8, 17, 7. Almofen: männlich 30, 45, 51, 62, weiblich 65, 151, 132, 121. Beerdigungen: 3, 9, 8, 17. Waifenpflege: 31, 33, 48, 41.

II. Gesamtausgaben: 3800, 8300, 7900, 7600. Offene Kranken= pflege: 179, 242, 93, 389. Geschloffene Krankenpflege: 594, 1175, 1280, 1134. Almofen: 3000, 4700, 4300, 5700. Waifenpflege: 1500, 2000, 1800, 2200.

III. Von 11 Unfallrentnern war 1 in der Armenpflege, welcher teil= weise ausschied; 1 fiel nach Beginn des Rentenbezugs der Armenpflege an= heim. Von 31 Invaliden= und Altersrentnern waren 2 in der Armenpflege; hiervon schied 1 gänzlich aus.

Friedeberg.

I. Bevölkerung: 6300, 6200, 6300.

Gesamtzahl der Unterstützten: männlich 70, 61, 54, 48, weiblich 107, 104, 97, 106. Offene Krankenpflege: 32, 38, 47, 39. Geschlossene Krankenpflege: 7, 8, 9, 5. Almosen: männlich 115, 99, 103, 96, weib= lich 171, 173, 169, 172. Beerdigungen: 8, 12, 11, 10. Waisenpflege: 3, 2, 4, 2.

Ursachen. Unfall: 1, 3, 2, 2. Krankheit: 36, 48, 56, 86. Siech= tum: 225, 207, 185, 171. Altersschwäche: 24, 14, 29, 9.

II. Gesamtausgaben: 10400, 12800, 13300, 15300. Offene Krankenpflege: 270, 370, 250, 410. Geschlossene Krankenpflege: 510, 80, 450, 710. Almosen: 9300, 11700, 12200, 13500. Waisenpflege: 320, 630, 440, 640.

III. Von 22 Rentenempfängern waren 7 in der Armenpflege; hiervon schieden 5 gänzlich aus. 1 fiel nach Beginn des Rentenbezugs der Armen= pflege anheim. Von 16 Unfallrentnern war 1 in der Armenpflege.

Hohenmölsen

I. Schon vorher waren 70 % der Lohnarbeiter gegen Krankheit, 20 % gegen Unfall und Invalidität versichert.

II. Bevölkerung: 2700, 2700, 2800.

Gesamtzahl der Unterstützten: 44, 55, 52, 45. Offene Krankenpflege: 15, 22, 7, 16 Geschlossene Krankenpflege: 1, 7, 4, 2. Almosen: 28, 37, 22, 25. Beerdigungen: 3, 3, 3, 2. Waisenpflege: 3, 1, 4, 0.

Ursachen. Unfall (einschl. Sterbefälle): 19, 9, 11, 9. Krankheit: 8, 18, 10, 5. Siechtum: 6, 3, 5, 7. Altersschwäche: 11, 13, 10, 10.

III. Gesamtausgaben: 2000, 3400, 3100, 3000. Offene Kranken= pflege: 190, 190, 170, 180. Geschlossene Krankenpflege: 190, 430, 580, 240. Almosen: 1100, 1900, 1300, 1800. Waisenpflege: 500, 800, 1000, 760.

IV. Von 14 Unfallrentnern fielen 2 während des Verfahrens der Armenpflege anheim. Von 16 Invaliden= und Altersrentnern befand sich 1 in der Armenpflege, welcher teilweise ausschied.

In 2 Fällen und zwar bei der Unfallversicherung, mußte die Armen= pflege an Stelle derselben eintreten. Nur in einem Falle und zwar neben einer Altersrente, mußte die Armenpflege vorübergehend eintreten.

„Bei unserer kleinen Verwaltung, bei welcher die Verhältnisse fast jedes Einwohners bekannt und leicht zu übersehen sind und wo alle Anzeigen und Untersuchungen durch eine Hand gehen, bedarf es besonderer Einrichtungen nicht."

Bad Kissingen.

I. Die Arbeiterversicherung ist bis jetzt auf die Thätigkeit der öffentlichen Armenpflege von keinem bemerkbaren Einfluß gewesen.

II. Bevölkerung: 3800, 4000, 4200.

Gesamtzahl der Unterstützten: männlich 61, 52, 41, 40, weiblich 28, 41, 44, 31. Offene Krankenpflege: 3, 6, 14, 3. Geschlossene Krankenpflege: 5, 8, 10, 10. Almosen: männlich 2, 5, 6, 6, weiblich 18, 14, 17, 13. Beerdigungen: 4, 2, 2, 2. Waisenpflege: 5, 9, 13, 13.

Ursachen. Krankheit: 3, 3, 7, 8. Siechtum: 25, 40, 42, 39. Altersschwäche: 13, 13, 12, 13.

III. Gesamtausgaben: 6700, 5800, 9900, 10800. Offene Krankenpflege: 66, 72, 22, 31. Geschlossene Krankenpflege: 950, 1250, 2400, 2100. Almosen: 4200, 2800, 5700, 7200. Waisenpflege: 1500, 1600, 1500, 1400.

IV. Es waren 5 Unfall= und 9 Altersrentner vorhanden.

Ostritz.

I. Bevölkerung: 1400, 1600, 2100.

Gesamtzahl der Unterstützten: männlich 94, 74, 26, 22, weiblich 42, 41, 32, 23. Offene Krankenpflege: männlich 21, 6, 5, 4, weiblich 4, 4, 2, 7. Geschlossene Krankenpflege: männlich 45, 48, 11, 9, weiblich 4, 7, 13, 1. Almosen: männlich 21, 19, 12, 11, weiblich 36, 30, 18, 17. Beerdigungen: 4, 6, 2, 3. Waisenpflege: 0, 2, 2, 1.

Ursachen, Krankheit: männlich 5 0, 1, 2, weiblich 2, 1, 1, 2. Siechtum: 1, 3, 3, 1. Altersschwäche: 22, 20, 14, 9.

II. Gesamtausgaben: 4500, 4700, 2700, 3400. Offene Krankenpflege: 66, 90, 53, 22. Geschlossene Krankenpflege: 1490, 2040, 440, 1070. Almosen: 3100, 2200, 1900, 2200. Waisenpflege: 170, 360, 280, 90.

III. Es waren vorhanden: 6 Unfall, 16 Alters= und 3 Invalidenrentner.

Peine.

I. „Die erhoffte Entlastung des Armenbudgets ist hier nur in geringem Maße eingetreten. Zu dem Ergebnis, daß eine Entlastung stattgefunden, kann man bei den im Verhältnis zur Bevölkerungsziffer immer noch anwachsenden Gesamtausgaben der Armenpflege überhaupt nur dann gelangen, wenn man in Betracht zieht, daß, wenn die sociale Gesetzgebung nicht bestanden hätte, in den letzten 10 Jahren erheblich höhere Anforderungen an die Armenkasse notwendig gewesen sein würden. Eine Erhöhung bezw. Verstärkung der Armenpflege=Leistungen hat infolge der Arbeiterversicherung nicht stattgefunden, denn wenn der Geldbetrag der gereichten Unterstützungen jetzt auch im allgemeinen wirklich etwas höher ist, als vor 10 Jahren, so ist diese Erhöhung doch lediglich durch das Steigen der Preise der notwendigsten Lebensmittel und der Wohnungsmiete hervorgerufen worden. Es läßt sich übrigens annehmen, daß durch die jetzt noch zu kurze Zeit bestehende Invalibitäts= und Altersversicherung allmählich eine weitere Entlastung der Armenpflege herbei= geführt werden wird."

II. Die im Jahre 1887 erfolgte Eröffnung eines städtischen Kranken= hauses, sowie Anstellung einer Diakonissin für die Armenkrankenpflege wirkte belastend, die Übernahme der Lasten für Geisteskranke auf die Kreiskommunal= lasten seit 1885, wirkte entlastend. Die Einrichtung bezw. Vergrößerung hiesiger Fabriken in den letzten 10 Jahren hatte einen erheblichen Zuwachs von Arbeiterfamilien zur Folge, welcher die Armenpflege belastete; auch wirkte belastend das Sinken der Löhne in den letzten Jahren, sowie das Steigen der Miete für kleine Arbeiterwohnungen.

III. Bevölkerung: 5300, 7800, 11 000, 11 100.

Gesamtzahl der Unterstützten: 67, 84, 155, 261. Offene Krankenpflege: 14, 21, 44, 63. Geschlossene Krankenpflege: 7, 11, 23, 41. Almosen: männlich, 7, 14, 11, 22, weiblich 27, 19, 34, 35. Beerdigungen: 3, 6, 10, 15. Waisenpflege: 10, 12, 22, 34.

Ursachen. Unfall: 2, 0, 4, 8. Krankheit (in den letzten 3 Berichts= jahren): männlich 11, 30, 65, weiblich 15, 29, 21. Siechtum: 13, 10, 21. Altersschwäche: männlich 7, 7, 5, weiblich 14, 14, 21.

Die Arbeiterversicherung hat zur Erbauung eines Krankenhauses mit Veranlassung gegeben.

IV. Gesamtausgaben: 5400, 7600, 10 100, 13 400. Offene Kranken= pflege: 97, 335, 863, 1180. Geschlossene Krankenpflege: 2400, 3900, 1900, 2400. Almosen: 2200, 2500, 5900, 8000. Waisenpflege; 490, 800, 1280, 1600.

Erstattungen von Krankenkassen: 48, 43, 191; von Berufsgenossen= schaften: 133; von Versicherungsanstalten: 47.

V. Von 44 Unfallrentnern war 1 bereits in der Armenpflege, 3 fielen während des Verfahrens und 1 nach Beginn des Rentenbezuges der Armen= pflege anheim. Infolge der Rentenfestsetzung schieden 1 gänzlich und 2 teil= weise aus. Von 52 Invaliden= und Altersrentnern waren 4 in der Armen= pflege, welche teilweise ausschieden. Während des Verfahrens fielen 5, nach Beginn des Rentenbezuges 2 der Armenpflege anheim.

„Sehr häufig" mußte die Armenpflege an Stelle von Unfallversicherung, sowie Invalidität= und Altersversicherung, nur „selten" an Stelle der Krankenversicherung eintreten.

„Verschiedentlich" war die Armenpflege auch genötigt, neben der Arbeiter= versicherung einzutreten, namentlich durch Gewährung eines Zuschusses zum Krankengeld bei großer Familie.

Die Armenverwaltung erhält Kenntnis von den Alters= und Invaliden= renten durch Veröffentlichungen der Versicherungsanstalt, von den Unfallrenten durch die Beglaubigung der Rentenquittungen, von Krankenkassenleistungen durch Vernehmung der Betreffenden.

Pritzwalk.

I. „Was nun die Einwirkung der Arbeiterversicherung auf die Thätig=
keit der öffentlichen Armenpflege betrifft, so ist hier eine Entlastung des
Armenbudgets in Höhe von ca. 1200 Mk. jährlich zu verzeichnen, wovon
auf die Unfallversicherung etwa $1/4$ und auf die Alters= und Invaliditäts=
versicherung etwa $3/4$ entfallen. Diese Entlastung hat aber nicht zu einer
Verringerung der Armenpflege geführt, sie ist vielmehr .... durch eine Er=
höhung und Verstärkung der Armenpflege=Leistungen wieder aufgehoben
worden. Zu berücksichtigen bleibt hier, daß die Aussicht auf Versicherungs=
renten und die Wiedererstattung der gewährten Beträge in vielen Fällen zur
Gewährung von Armenunterstützung geführt hat, in denen sonst Abweisung
erfolgt wäre.“

II. Bevölkerung: 6000, 6000, 6300.

Gesamtzahl der Unterstützten: männlich 35, 25, 23, 29, weiblich 90,
73, 90, 95. Offene Krankenpflege: männlich 15, 7, 11, 13, weiblich 26,
25, 24, 37. Geschlossene Krankenpflege: 10, 4, 7, 7. Almosen: männlich
19, 19, 19, 23, weiblich 77, 63, 81, 91. Beerdiguugen: 15, 14, 7, 9.
Waisenpflege: 4, 1, 7, 6.

Ursachen. Unfall: 1, 2, 1, 5. Krankheit: männlich 21, 10, 9, 12,
weiblich 30, 21, 19, 17. Siechtum: 3, 10, 8, 12. Altersschwäche (in den
letzten 3 Berichtsjahren): männlich 6, 7, 6, weiblich 30, 43, 40.

III. Gesamtausgaben: 6800, 5600, 7900, 8900. Offene Krankenpflege:
280, 410, 390, 340. Geschlossene Krankenpflege: 790, 120, 670, 880.
Almosen: 3400, 3000, 4700, 5100. Waisenpflege: 1700, 1400, 1500,
1400.

Erstattungen von Berufsgenossenschaften 1492/93: 81; von Versicherungs=
anstalten 1890: 20, 1892: 62.

IV. Von 12 Unfallrentnern fielen 4 während des Verfahrens der
Armenpflege anheim. Von 58 Invaliden= und Altersrentnern waren 7 in
der Armenpflege, hiervon schieden 4 gänzlich und 3 teilweise aus. Während
des Verfahrens fielen 9 und nach Beginn des Rentenbezuges 6 der Armen=
pflege anheim.

Die Armenverwaltung erhält durch die Beglaubigung der Rentenquittungen
von den Rentenbewilligungen Kenntnis.

Raudten.

I. Bevölkerung: 1360, 1470, 1380, 1380.

Offene Krankenpflege: 19, 6, 7, 3. Geschlossene Krankenpflege: 8, 4,
5, 6. Almosen: männlich 9, 6, 8, 6, weiblich 20, 6, 4, 3. Beerdigungen:
männlich 2, 1, 1, 2, weiblich 6, 1, 2, 1. Waisenpflege: 1, 0, 1, 0.

II. Gesamtausgaben: 2300, 1500, 1700, 1700. Offene Krankenpflege:
185, 102, 115, 139. Geschlossene Krankenpflege: 106, 44, 57, 69.
Almosen: 1580, 1230, 1340, 1490. Waisenpflege: 480, 160, 240, 90.

III. Von 4 Unfallrentnern war 1 in der Armenpflege. Von 23 In=
validen= und Altersrentnern waren 4 in der Armenpflege, hiervon schieden

2 gänzlich und 1 teilweise aus. Während des Verfahrens fielen 4 und nach Beginn des Rentenbezuges 1 der Armenpflege anheim.

Nur „in seltenen Fällen" trat die Armenpflege an Stelle und neben der Arbeiterversicherung ein.

Von den Rentenbewilligungen erhält die Verwaltung durch die seitens der örtlichen Polizeiverwaltung zu erteilende Legitimation zum Rentenbezuge Kenntnis.

Sarne.

I. „Von einer besonderen Einwirkung der Arbeiterversicherung auf die Thätigkeit der öffentlichen Armenpflege haben wir bisher noch nichts verspürt. Eine thatsächliche Entlastung der Armenpflege ist zwar in einem Falle zu verzeichnen, insofern als durch Gewährung einer Altersrente die monatliche Armenunterstützung von 3 Mk. in Wegfall gekommen; es ist dies aber nicht von Bedeutung. Kranken= und Unfallversicherung haben bis jetzt zur Entlastung der Armenpflege nicht beigetragen."

II. Die von Jahr zu Jahr sich ergebende Steigerung der Armenpflege= Leistungen wird lediglich auf örtliche Verhältnisse zurückgeführt.

III. Bevölkerung: 1800, 1900, 1900.

Gesamtzahl der Unterstützten: männlich 3, 4, 8, 7, weiblich 7, 10, 16, 22. Offene Krankenpflege: 0, 1, 0, 1. Geschlossene Krankenpflege: 0, 0, 3, 2. Almosen: männlich 3, 4, 7, 6, weiblich 6, 9, 11, 19. Beerdigungen: 0, 0, 1, 1. Waisenpflege: 0, 0, 2, 0.

Ursachen. Krankheit: 1, 2, 2, 0. Siechtum: männlich 2, 1, 4, 4, weiblich 6, 7, 7, 10. Altersschwäche: männlich 0, 1, 1, 2, weiblich 1, 3, 4, 9.

IV. Gesamtausgaben: 580, 570, 850, 1000. Offene Krankenpflege: 240, 240, 100, 120. Geschlossene Krankenpflege: 145, 0, 177, 304. Almosen: 190, 320, 480, 560. Waisenpflege: 0, 0, 76, 9. Erstattungen sind nicht erfolgt.

V. Von 6 Altersrentnern befand sich einer in der Armenpflege, welcher gänzlich ausschied. Eine Person fiel während des Verfahrens der Armen= pflege anheim.

Schöppenstedt.

I. „. . . Das Eine wollen wir jedenfalls noch erwähnen, daß die Be= gehrlichkeit aller Arbeiterkreise durch jene Gesetze geweckt ist und infolge da= von auch die an die Armenverwaltungen gestellten Anforderungen mit jedem Tage wachsen."

II. Ungefähr die Hälfte der Arbeiter war bereits früher gegen Krank= heit versichert.

Eine größere Anzahl Stiftungen, darunter eine im Jahre 1882 be= gründete von beträchtlicher Höhe, entlasten die Armenpflege.

III. Bevölkerung: 3200, 3300, 3400.

Gesamtzahl der Unterstützten: männlich 131, 78, 61, 70, weiblich 57, 59, 74, 58. Offene Krankenpflege: 22, 27, 35, 33. Geschlossene Kranken= pflege: 17, 31, 24, 23. Almosen: männlich 6, 2, 7, 6, weiblich 16, 27, 29, 24. Beerdigungen: 3, 8, 5, 1.

Ursachen. Krankheit: 39, 58, 59, 56. Siechtum: männlich 125, 76, 54, 64, weiblich 41, 32, 64, 34. Altersschwäche: männlich 6, 2, 7, 6, weiblich 16, 27, 29, 24.

IV. Gesamtausgaben: 5700, 6300, 6600, 5800. Offene Kranken=pflege: 350, 680, 770, 560. Geschlossene Krankenpflege: 430, 2600, 1700, 1800. Almosen: 4900, 3000, 4100, 3400.

V. Von 7 Unfallrentnern befand sich keiner, von 25 Invaliden= und Altersrentnern befanden sich 5 in der Armenpflege.

Ein Invaliden=, ein Unfall= und drei Altersrentenempfänger erhielten wegen der Unzulänglichkeit der gewährten Renten eine wöchentliche Unter=stützung von 1 Mk. bis 4 Mk.

Die Rentenbewilligung wird der Armenverwaltung durch den Stadt=magistrat mitgeteilt.

Wolfhagen.

I. „Durch Unfall=, Alters= und Invalidenrenten hat eine kaum bemerk=bare Entlastung der Armenpflege stattgefunden."

II. Bevölkerung: 2800, 2700, 2670.

Gesamtzahl der Unterstützten: männlich 39, 25, 21, 18, weiblich 74, 59, 41, 33. Offene Krankenpflege: männlich 13, 12, 8, 9, weiblich 34, 26, 23, 21. Geschlossene Krankenpflege: 3, 2, 7, 6. Almosen: männlich 28, 16, 13, 14, weiblich 61, 43, 35, 27. Beerdigungen: 3, 4, 2, 2. Waisenpflege: 16, 10, 8, 6.

Ursachen. Krankheit: männlich 18, 12, 10, 7, weiblich 23, 19, 17, 16. Siechtum: männlich 0, 1, 3, 3, weiblich 10, 9, 8, 12. Altersschwäche: 25, 20, 20, 16.

III. Gesamtausgaben: 4400, 3600, 4600, 2800. Offene Kranken=pflege: 590, 530, 540, 480. Geschlossene Krankenpflege: 410, 940, 1740, 510. Almosen: 3100, 2500, 2800, 2100. Waisenpflege: 340, 800, 520, 450.

IV. Es waren vorhanden: 24 Unfall=, 9 Alters= und 3 Invaliden=rentenempfänger. An Stelle oder neben der Arbeiterversicherung brauchte die Armenpflege nicht einzutreten.

Zeulenroda.

I. Mehrere gestiftete Legate entlasten die Armenpflege, sodaß „trotz ein=getretener Verschlechterung der Erwerbsverhältnisse, insbesondere trotz wieder=holt erfolgter Lohnreduktionen einer= und der succesiven Steigerung der An=sprüche an die Lebenshaltung andererseits" der Umfang der Armenpflege nur im Verhältnis der Bevölkerungszunahme gestiegen ist.

Die Arbeiter waren nur „mit wenigen Ausnahmen" bereits früher gegen Krankheit versichert.

II. Bevölkerung: 7200, 7900, 8700.

Gesamtzahl der Unterstützten: männlich 89, 54, 44, 40, weiblich 49, 39, 44, 41. Offene Krankenpflege: männlich 5, 8, 4, 7, weiblich 22, 21, 13, 10. Geschlossene Krankenpflege: männlich 32, 19, 4, 16, weiblich 2, 0, 1, 4. Almosen: männlich 31, 34, 33, 36, weiblich 35, 37, 40, 45.

Beerdigungen: männlich 15, 9, 1, 4, weiblich 4, 3, 1, 2. Waisenpflege: 4, 8, 15, 8.

Ursachen. Krankheit: 17, 19, 11, 18. Siechtum: 3, 5, 9, 11. Altersschwäche: 23, 26, 30, 24.

III. Gesamtausgabe: 4800, 5200, 7300, 9300. Offene Krankenpflege: 4100, 4100, 6000, 8100. Geschlossene Krankenpflege: 700, 1000, 1300, 1200. Almosen: 3500, 3500, 4700, 6400. Waisenpflege: 500, 470, 800, 1300.

IV. Von 9 Unfall= und 22 Invaliden= und Altersrentnern fiel je einer während des Verfahrens der Armenpflege anheim.

„Zwei Mal" war die Armenpflege genötigt an Stelle der Arbeiterver= sicherung einzutreten, nur „sehr selten" neben der Arbeiterversicherung wegen zu kurzer Dauer der Krankenpflege und geringem Rentenbetrag.

„Unterstützungs= und Arbeiterversicherungssachen werden in einem Bureau bearbeitet und hat daher die Armenverwaltung von der Beantragung und Festsetzung der Renten schon aus eigener Wissenschaft Kenntnis.

D. Landgemeinden.

Bramsche.

I. „Die Armenpflege ist infolge der hier stets zunehmenden Arbeiter= bevölkerung weder durch die Krankenversicherung noch Unfall= und Alters= und Invaliditätsversicherung entlastet, indem die Armenlasten von Jahr zu Jahr mit geringen Schwankungen gestiegen sind."

II. Die Gesamtzahl der Unterstützten betrug in den Jahren 1884/94: 49, 54, 45, 49, 48, 44, 54, 62, 58, 48.

III. Die Gesamtausgabe betrug in den Jahren 1884/94: 4200, 4900, 4500, 5500, 5600, 5000, 5800, 6500, 6200, 5500.

IV. An Stelle und neben der Arbeiterversicherung brauchte die Armen= pflege nicht einzutreten.

Braunlage.

Nur alte und gebrechliche Leute kamen um Unterstützung ein; das wird sich in Zukunft durch die Invaliditäts= und Altersversicherung besser ge= stalten. „Bisher sind es wenige, die sich dieser Wohlthätigkeits=Einrichtung erfreuen; von denen wird es begrüßt und anerkannt."

Görwihl.

I. Nach Ansicht der Gemeinde ist die Minderung der Armenpflege nicht der Arbeiterversicherung zuzuschreiben, sondern darin zu finden, „daß in den 1880er Jahren und auch noch vorher eine größere Anzahl kränklicher und altersschwacher Personen zur öffentlichen Armenpflege gelangten, welche dann nach und nach gestorben sind."

II. Bevölkerung: 960, 900, 820.

Gesamtzahl der Unterstützten: 18, 8, 5, 5. Offene Krankenpflege: 18, 8, 3, 2. Almosen: 3, 2, 2, 1. Beerdigungen: 3, 0, 0, 0.

Ursachen. Krankheit: 11, 2, 2, 0. Siechtum: 3, 3, 2, 3. Altersschwäche: 4, 1, 1, 2.

III. Gesamtausgaben: 2100, 1300, 930, 620. Offene Krankenpflege: 1900, 1100, 600, 350. Almosen: 110, 190, 80, 50.

IV. Ein Altersrentner war in der Gemeinde vorhanden.

Grunwald.

I. Bevölkerung: 830 860, 880, 850.

Gesamtzahl der Unterstützten: 8, 5, 24, 32. Offene Krankenpflege: 6, 6, 22, 29. Geschlossene Krankenpflege: 2, 0, 2, 3. Beerdigungen: 0, 1, 3, 1. Waisenpflege: 1, 1, 2, 2.

Ursachen. Krankheit: 2, 0, 2, 5. Siechtum: 3, 3, 11, 15. Altersschwäche: 3, 2, 11, 12.

II. Gesamtausgaben: 280, 215, 385, 1125. Offene Krankenpflege: 140, 150, 200, 900. Geschlossene Krankenpflege: 60, 0, 35, 75. Almosen: 15, 0, 20, 20. Waisenpflege: 65, 65, 130, 130.

Erstattungen 1893 von Berufsgenossenschaften: 48, von Versicherungsanstalten: 166.

III. Von 4 Unfallrentnern war 1 in der Armenpflege, welcher teilweise ausschied. Von 4 Invaliden- und Altersrentnern waren 2 in der Armenpflege, welche gänzlich ausschieden.

Hilbersdorf.

I. „Ein Abgang von Verarmten infolge der Arbeiterversicherungsgesetze ist in auffälliger Weise hier nicht zu verzeichnen; daß aber beim Mangel dieser Gesetzeswohlthaten die Armenlasten noch größere sein würden, muß angenommen werden. Die Begehrlichkeit der betr. Kreise ist durch die neuen Einrichtungen gewachsen; infolgedessen ist der Druck auf die Armenverwaltung, überhaupt und auch mehr zu gewähren gewachsen .... Die früher scheinbar bestehende Scheu, öffentliche Mittel in Anspruch zu nehmen scheint im Schwinden begriffen zu sein."

II. Ein großer Teil der Arbeiter war bereits früher gegen Krankheit versichert. Schlechte Erwerbsverhältnisse seit der Maifeier im Jahre 1893 belasteten die Armenpflege.

III. Bevölkerung: 2800, 3500, 4800.

Gesamtzahl der Unterstützten: männlich 9, 8, 10, 14, weiblich 11, 21, 37, 55. Offene Krankenpflege: 5, 0, 5, 9. Geschlossene Krankenpflege: 1, 13 16, 19. Almosen: männlich 5, 0, 0, 0, weiblich 6, 15, 23, 32. Beerdigungen: 4, 0, 1, 3. Waisenpflege: 2, 1, 9, 10.

Ursachen. Unfall: 0, 1, 4, 4. Krankheit: 5, 7, 7, 14. Siechtum: weiblich 1, 1, 2, 2. Altersschwäche: weiblich 0, 7, 8, 9.

IV. Gesamtausgaben: 1120, 2290, 4350, 5010. Offene Krankenpflege: 70, 0, 10, 90. Geschlossene Krankenpflege: 150, 860, 1740, 1790. Almosen: 760, 1390, 2150, 2740. Waisenpflege: 130, 40, 440, 380.

Erstattungen von Krankenkassen: 54, von Berufsgenossenschaften: 443, 97.

V. An Stelle oder neben der Arbeiterversicherung braucht die Armen=
pflege „nicht öfter" einzugreifen.

Leopoldshall.

I. „Kranken= Unfall=, Invaliditäts= und Altersversicherung haben bei
den hier obwaltenden besonderen Verhältnissen gar keinen Einfluß auf die
Armenpflege gehabt" (s. unter II).

II. Die Gemeinde ist erst seit 1873 konstituiert; Ackerbau und Hand=
werk sind von geringer Bedeutung. Der Salzbergbau und die Chlorkalium=
Industrie beschäftigt 2500 versicherungspflichtige Personen, welche zum größten
Teil in den benachbarten Orten wohnen. Diese Personen waren schon vor
Inkrafttreten der Arbeiterversicherungsgesetze in Knappschaftskassen versichert.

III. Bevölkerung: 3100, 3700, 6300, 6700.

Gesamtzahl der Unterstützten: männlich 9, 8, 15, 13, weiblich 15, 20,
37, 45. Offene Krankenpflege: männlich 3, 2, 8, 10, weiblich 4, 4, 6, 22.
Geschlossene Krankenpflege: männlich 4, 5 10, 12, weiblich 7, 9, 11, 14.
Almosen: männlich 13, 14, 32, 34, weiblich 24, 29, 50, 58. Beerdigungen:
4, 7, 8, 5. Waisenpflege: 3, 5, 5, 6.

Ursachen. Unfall: 7, 10, 14, 19. Krankheit: 8, 11, 12, 18. Siech=
tum: 16, 6, 27, 24. Altersschwäche: männlich 4, 6, 9, 12, weiblich 8,
10, 20, 19.

IV. Gesamtausgaben: 2500, 4500, 7600, 9000. Offene Kranken=
pflege: 220, 550, 1730, 1160. Geschlossene Krankenpflege: 370, 620,
1340, 2600. Almosen: 1620, 3030, 4100, 4820. Waisenpflege: 270,
320, 500, 450.

V. Es waren in der Gemeinde vorhanden: 10 Unfall=, 6 Alters= und
3 Invalidenrentenempfänger. „Nur in verschwindend wenigen Fällen war
die Armenpflege genötigt, an Stelle einer zur Leistung verpflichteten Kasse
einzutreten und in denjenigen Fällen, in welchen Kassenleistungen eintraten,
war weitere Fürsorge durch die öffentliche Armenpflege niemals erforderlich."

Niederhone.

„Eine Verminderung der Armenpflegelasten infolge der socialen Gesetz=
gebung war nicht wohl zu beobachten, da die Armenlasten hierselbst seither
überhaupt geringe waren und sich vorzugsweise auf die Unterhaltung von
Waisenkindern erstreckten . . . Wir haben hier nur zwei Unfall= und einen
Altersrentenempfänger; dieselben würden, wenn sie die Renten nicht bezögen,
auch nicht aus öffentlichen Armenmitteln unterhalten werden können."

Pollwitz.

Die Unfall=, Invaliditäts= und Altersversicherung hat entlastend ge=
wirkt; die Krankenversicherung hingegen nach Ansicht der Gemeinde belastend.
„Aber auch in anderer Weise wirken die fraglichen Gesetze gegen den Willen
des Gesetzgebers mitunter nachteilig, weil ältere Leute, welche noch arbeits=

fähig sind und auch gern noch arbeiten möchten, nur schwer und oft auch
gar keine Arbeit bekommen können, da angenommen wird, daß ihnen leichter
ein Unfall oder eine Krankheit zustoßen könnte."

Sandhof.

I. Die Arbeiterversicherung wirkt „wohlthuend für die Arbeitnehmer
und entlastend für die Arbeitgeber und Ortsgemeinen".

II. Bevölkerung: 950, 1070, 1180, 1200.

Gesamtzahl der Unterstützten: männlich 10, 11, 9, 5, weiblich 20, 21,
21, 16 (unter den 5 männlichen Personen im Jahre 1893 befanden sich
4 Kinder und 1 alter Mann, der Invalidenrenten-Antrag gestellt hat).
Offene Krankenpflege: 6, 5, 3, 4. Geschlossene Krankenpflege: 4, 2, 1, 3.
Almosen: männlich 10, 11, 9, 5, weiblich 20, 21, 21, 16. Beerdigungen:
4, 2, 0, 1.

III. Gesamtausgaben: 2000, 2700, 2100, 2900. Offene Kranken=
pflege: 28, 23, 46, 35. Geschlossene Krankenpflege: 440, 740, 380, 390.
Almosen, einschließlich Waisenpflege: 1580, 1940, 1750, 1500.

Die Krankenkassen erstatteten in den letzten drei Berichtsjahren: 99,
132, 46.

IV. Von 5 Unfallrentnern fielen 2, von 10 Altersrentnern fielen 4 und
von 6 Invalidenrentnern fielen 3 während des Verfahrens der Armenpflege
anheim.

Neben der Arbeiterversicherung trat die Armenpflege nicht ein.

Die Rentenempfänger werden im Kreisblatt veröffentlicht; auch erhält
der Gemeindevorsteher durch die Beglaubigung der Rentenquittungen Kenntnis
von der Festsetzung.

Schorteus i. Oldenburg.

I. „Seit der Einführung der socialen Gesetze ist hier eine Verminderung
der Ausgaben weder im allgemeinen noch für einzelne Zweige der Armen=
pflege zu erkennen. Indes darf an der Hand der Liste der Rentenempfänger
und der aus der Krankenkasse unterstützten Personen behauptet werden daß
bei Fehlen der Arbeiterversicherung eine wesentliche Steigerung der Armen=
pflege-Ausgaben unvermeidlich gewesen wäre "

II. Vor Inkrafttreten der Arbeiterversicherung war niemand versichert.

Durch Errichtung eines Armenarbeitshauses im Jahre 1883 wurde
„weiterer Steigerung der Armenpflegelasten vorgebeugt."

III. Bevölkerung: 1770 1860, 1810.

Gesamtzahl der Unterstützten: 71, 123, 97, 117. Offene Krankenpflege:
10, 12, 14, 19. Geschlossene Krankenpflege: 15, 17, 10, 12. Almosen:
29, 26, 27, 19. Beerdigungen: 2, 3, 2, 4. Waisenpflege: 8, 14, 17, 15.

Ursachen. Unfall: 1, 0, 0, 1. Krankheit: 12, 8, 7, 6. Siechtum:
4, 4, 4, 5. Altersschwäche: 20, 13, 14, 15.

IV. Gesamtausgaben: 7800, 7900, 8600, 11 200. Offene Kranken=
pflege: 1210, 1260, 910, 1120. Geschlossene Krankenpflege: 1010, 1160,
710, 970. Almosen: 3100, 2800, 2700, 2900. Waisenpflege: 960, 1600,
1900, 1700.

Erstattungen 1893 von Krankenkassen: 26, von Berufsgenossenschaften: 35.

V. Von 11 Unfallrentnern waren 3 in der Armenpflege, welche gänz=
lich ausschieden; 1 fiel während des Verfahrens der Armenpflege anheim.
Von 18 Invaliden= und Altersrentnern waren 5 in der Armenpflege, von
denen 4 gänzlich und 1 teilweise ausschieden.

Schwedenhöhe (früher Adlershorst).

I. Die Gemeinde bildet einen Vorort von Bromberg. Der größte Teil
der Bevölkerung besteht aus „armen Tagelöhnern, die teilweise arbeitsscheu
sind und keinerlei Versicherung angehören, daher auch nie in den Genuß
einer Rente treten können. Diese letzte Kategorie der Bevölkerung ist gerade
immer die erste, welche der öffentlichen Fürsorge anheimfällt und auch schon
früher vor dem Inkrafttreten der Arbeiterversicherungsgesetze anheimgefallen ist".

Gegen Krankheit war früher nur der geringere Teil der Bevölkerung
versichert.

Seit April 1890 ist die Armenpflege durch den Landarmenverband
etwas entlastet.

II. Bevölkerung: 2600, 2800, 3100, 3200.

Gesamtzahl der Unterstützten: männlich 48, 28, 22, 41, weiblich 38,
31, 49, 58. Offene Krankenpflege: männlich 16, 6, 1, 12, weiblich 7, 6,
5, 13. Geschlossene Krankenpflege: 17, 5, 8, 21. Almosen: männlich 10,
15, 16, 14, weiblich 16, 22, 38, 30. Beerdigungen: 20, 5, 3, 9. Waisen=
pflege: 27, 21, 32, 24.

Ursachen. Krankheit: männlich 23, 10, 4, 24, weiblich 16, 11, 10, 21.
Siechtum: 2, 5, 3, 3. Altersschwäche: männlich 8, 11, 8, 12, weiblich 16,
21, 15, 30.

III. Gesamtausgaben: 4200, 2800, 4600, 4500. Offene Kranken=
pflege: 480, 110, 180, 230. Geschlossene Krankenpflege: 1290, 140, 80,
410. Almosen: 1020, 1440, 2100, 2200. Waisenpflege: 1390, 1150,
2200, 1500.

IV. Von 17 Unfallrentnern fiel 1 während des Verfahrens der Armen=
pflege anheim und schied nach der Rentenfestsetzung gänzlich aus. Von
8 Invaliden= und Altersrentnern fielen 3 während des Verfahrens der
Armenpflege anheim und schieden ebenfalls nach der Rentenfestsetzung gänz=
lich aus.

Über die Rentenempfänger führt der Gemeindevorstand eine Liste.

Groß=Starolenka und Süpplingenburg.

verneinen eine entlastende Einwirkung der Arbeiterversicherung auf die
Armenpflege.

St. Ingbert (Pfalz).

I. Bevölkerung: 9000, 10300, 10800, 10900.

Gesamtzahl der Unterstützten: männlich 7, 17, 16, 18, weiblich 57,
71, 63, 83. Offene Krankenpflege: männlich 6, 15, 11, 4, weiblich 52,
66, 56, 76. Geschlossene Krankenpflege: 6, 7, 12, 14. Almosen: männ=
lich 6, 15, 11, 11, weiblich 52, 66, 56, 76. Beerdigungen: 7, 6, 12, 10.

Ursachen. Siechtum: männlich 4, 9, 7, 5, weiblich 25, 38, 40, 37. Altersschwäche: männlich 3, 8, 9, 13, weiblich 32 33, 23, 46.

II. Gesamtausgaben: 4000, 5400, 7700, 7900. Offene Kranken= pflege: 1500, 3400, 4600, 4200. Geschlossene Krankenpflege: 970, 960, 1230, 1300. Almosen: 1420, 1900, 1750, 2090. Waisenpflege: 120, 140, 100, 280.

III. Es waren vorhanden: 32 Unfall=, 10 Alters= und 29 Invaliden= rentenempfänger. Von den beiden letzten Kategorien befanden sich vor Renten= festsetzung 3 in der Armenpflege.

Mauritz.

Das Amt Mauritz giebt die Zahlen für sechs ihm unterstellte Orts= armenverbände und bemerkt hierzu:

„Wie die Nachweisen das nähere darthun, haben sich die Ausgaben für die Armenpflege hierorts stetig vermehrt. Teilweise wird dieses durch den Zuwachs der Gemeinden und die allgemeinen Zeitveränderungen in wirt= schaftlicher Beziehung zu begründen sein. Bei den Gemeinden Mauritz und Lamberti, in etwa auch bei Überwasser ist die enorme Erhöhung der Hilfs= bedürftigen und der Aufwendungen in der Gesamtarmenpflege darauf zurück= zuführen, daß die ärmeren Klassen hiesiger Stadt Münster durch die all= gemeine Bevölkerungszunahme in den größeren Städten und die hiermit ver= bundenen Mietspreise, sich veranlaßt sehen, in den umliegenden in Rede stehenden drei Ortsarmenverbänden billigere Wohnungen zu nehmen; daher auch die enorme Vermehrung der von auswärtigen Armenverbänden zu er= stattenden Unterstützungen.

Die gesamte Arbeiterversicherungsgesetzgebung ist im übrigen im hiesigen Bezirke auf die Armenpflege von sehr geringem Einflusse gewesen.“

a. Mauritz.

I. Bevölkerung: 1600, 1800, 2200, 2300.

Gesamtzahl der Unterstützten: männlich 19, 18, 38, 45, weiblich 21, 19, 45, 49. Offene Krankenpflege: 23, 18, 33, 28. Geschlossene Kranken= pflege: 19, 9, 30, 31. Almosen: 7, 8, 16, 25. Beerdigungen: 1, 1, 3, 5. Waisenpflege: 0, 1, 1, 5.

Ursachen. Krankheit: 8, 8, 13, 17. Siechtum: 9, 10, 16, 31. Altersschwäche: 11, 12, 18, 20.

II. Gesamtausgaben: 2000, 2000, 6000, 6400. Offene Kranken= pflege: 470, 260, 170, 430. Geschlossene Krankenpflege: 1150, 970, 2400, 2000. Almosen: 390, 680, 3300, 3600.

III. Es waren vorhanden: 5 Unfall=, 15 Alters= und 3 Invaliden= rentenempfänger.

b. Handorf.

I. Bevölkerung: 590, 600, 660, 670.

Gesamtzahl der Unterstützten: 9, 4, 9, 13. Offene Krankenpflege: 3, 0, 0, 0. Geschlossene Krankenpflege: 5, 3, 4, 5. Almosen: 1, 1, 5, 7.

II. Gesamtausgaben: 770, 220, 780, 880. Offene Krankenpflege: 15, 0, 0, 0. Geschlossene Krankenpflege: 740, 200, 600, 620. Almosen: 15, 20, 180, 250.

III. Es waren vorhanden: 4 Alters= und 1 Unfallrentenempfänger.

c. Hiltrup.

I. Bevölkerung: 560, 680, 730, 840. Gesamtzahl der Unterstützten: 3, 9, 13, 17. Offene Krankenpflege: 0, 2, 0, 3. Geschlossene Krankenpflege: 0, 4, 1, 3. Almosen: 3, 2, 12, 9. Beerdigung: 0, 1, 0, 0. Waisenpflege: 0, 0, 0, 2.

II. Gesamtausgaben: 130, 270, 170, 1030. Offene Krankenpflege: 0, 7, 0, 35. Geschlossene Krankenpflege: 0, 210, 12, 260. Almosen: 130, 20, 150, 410.

III. Es waren vorhanden: 6 Altersrentenempfänger.

d. Amelsbüren.

I. Bevölkerung: 1540, 1550, 1680, 1820. Gesamtzahl der Unterstützten: 38, 43, 49, 46. Offene Krankenpflege: 0, 3, 9, 8. Geschlossene Krankenpflege: 0, 1, 7, 7. Almosen: 38, 39, 31, 30. Beerdigungen: 0, 0, 1, 0. Waisenpflege: 0, 0, 1, 1.

II. Gesamtausgaben: 1340, 1450, 1890, 2080. Offene Kranken= pflege: 80, 140, 65, 200. Geschlossene Krankenpflege: 550, 300, 690, 550. Almosen: 700, 1000, 1010, 1210. Waisenpflege: 0, 0, 120, 120.

III. Es waren vorhanden: 3 Unfall= und 14 Altersrentenempfänger.

e. Überwasser.

I. Bevölkerung: 1920, 1980, 2010, 2050. Gesamtzahl der Unterstützten: 56, 63, 68, 71. Offene Krankenpflege: 12, 9, 6, 8. Geschlossene Krankenpflege: 13, 16, 21, 24. Almosen: 31, 34, 36, 35. Beerdigungen: 0, 1, 1, 1. Waisenpflege: 0, 3, 4, 3.

II. Gesamtausgaben: 3400, 3700, 5600, 6800. Offene Krankenpflege: 140, 150, 18, 240. Geschlossene Krankenpflege: 1550, 1270, 2500, 2900. Almosen: 1720, 2030, 2680, 3080. Waisenpflege: 0, 320, 360, 600.

III. Von 6 Unfallrentnern war 1 in der Armenpflege und 1 fiel während des Verfahrens derselben anheim; hiervon schied 1 gänzlich und 1 teilweise aus. Von 13 Invaliden= und Altersrentnern war 1 in der Armenpflege, welcher teilweise ausschied.

f. Lamberti.

I. Bevölkerung: 1140, 1520, 2200, 2400. Gesamtzahl der Unterstützten: männlich 17, 19, 88, 79, weiblich 15, 18, 105, 110. Offene Krankenpflege: 5, 6, 55, 58. Geschlossene Kranken= pflege: 9, 10, 72, 60. Almosen: 17, 17, 47, 58. Beerdigungen: 0, 3, 15, 10. Waisenpflege: 1, 1, 4, 3.

Ursachen. Unfall: 2, 1, 3, 1. Krankheit: 6, 11, 45, 41. Siechtum: 11, 6. 45, 44. Altersschwäche: 10, 11 15, 12.

II. Gesamtausgaben: 1550, 1890 9700, 9000. Offene Krankenpflege: 12, 8, 420, 510. Geschlossene Krankenpflege: 540, 1140, 3300, 2800. Almosen: 880, 620 5500 5300. Waisenpflege: 120, 120, 360, 280.

III. Von 11 Invaliden= und Altersrentnern waren 2 in der Armen= pflege; hiervon schied 1 gänzlich und 1 teilweise aus. Außerdem waren 4 Unfallrentenempfänger vorhanden.

Wicherstedt.

I. Bevölkerung: 820, 830, 880, 880.

Gesamtzahl der Unterstützten: 3, 2, 9, 6. Offene Krankenpflege: 8, 5, 13, 11. Geschlossene Krankenpflege: 2, 3, 0, 3. Almosen: 11, 10, 20, 15. Beerdigungen: 0, 0, 2. 0. Waisenpflege: 2, 4, 4, 1.

II. Gesamtausgaben: 210, 160. 200 180. Offene Krankenpflege: 140, 110, 130, 100. Geschlossene Krankenpflege: 18, 20, 30, 60. Al= mosen: 50. 25 30, 20. Waisenpflege: 100, 150, 100 200.

Erstattet von Krankenkassen: 312, 407, 116, von Berufsgenossenschaften: 297, 209, von Versicherungsanstalten: 264, 528.

III. Es waren vorhanden: 5 Unfall= und 4 Altersrentenempfänger.

Zülichow.

I. Bevölkerung: 4700, 5300, 6600.

Gesamtzahl der Unterstützten: männlich 24, 35, 23, 10. weiblich 71, 75, 88, 38. Offene Krankenpflege: männlich 18, 32, 18, 6. weiblich 71, 74, 86, 34. Geschlossene Krankenpflege: 6, 4, 7, 8. Almosen: männlich 24, 35, 23, 10. weiblich 71, 75, 88, 38. Beerdigungen: 0. 4, 3, 0. Waisenpflege: 2, 5, 3, 6.

. Ursachen. Krankheit: 14, 21, 16, 2. Siechtum: männlich 3, 4, 6, 2, weiblich 55, 62 62, 38. Altersschwäche: weiblich 7, 0. 15, 0.

II. Gesamtausgaben: 7900, 11 900, 10,500, 7500.

III. Es waren vorhanden: 142 Unfall=, 57 Alters= und 13 Invaliden= rentenempfänger.

––––––––––

I. Das Ergebnis aus dem vorstehenden Material wird man, wie folgt, zusammenfassen können:

Wenn auch die Zeit der Wirksamkeit der Arbeiterversicherungsgesetze eine viel zu kurze ist, als daß der Einfluß derselben auf die öffentliche Armenpflege schon voll in die Erscheinung treten könnte, wenn auch ins= besondere ungünstige wirtschaftliche Verhältnisse in den letzten Jahren das Bild der Einwirkung getrübt haben, wenn auch seitens der Armenverbände der Beobachtung der Einwirkung zumeist nicht die notwendige Aufmerksamkeit zugewendet worden ist, so läßt sich doch schon jetzt eine mächtige Wirkung erkennen. Die Armenpflege ist in bedeutendem

6*

Maße von Unterstützungsfällen entlastet worden, welche
nunmehr von der Arbeiterversicherung erledigt werden, die
Arbeiterversicherung hat in erheblichem Maße die Arbeiterbevölkerung vor Inanspruchnahme der öffentlichen Armenpflege bewahrt. Die Arbeiterversicherung hat aber auch auf
die Hebung der gesamten Lebenshaltung der unteren Bevölkerungsklassen schon jetzt einen derartig mächtigen Einfluß ausgeübt, daß die Armenpflege, indem sie diesem Umstande Rechnung zu tragen genötigt war, die erzielten Ersparnisse durch Verstärkung und Ausdehnung ihrer Leistungen zumeist völlig einbüßte, ja vielfach darüber hinaus
Aufwendungen machen mußte.

II. Die in dem Rundschreiben der Kommission von den Verbänden er-
betene Äußerung
über die nach ihrer Ansicht in ihrem Bezirke stattgehabte Einwirkung
der Arbeiterversicherung auf die Thätigkeit der öffentlichen Armenpflege
ist zumeist von den größeren Städten, vielfach von den mittleren und vereinzelt von den kleineren Städten und Landgemeinden abgegeben worden.
Überwiegend wird die Einwirkung bejaht, von einzelnen Verbänden wird
dieselbe ausdrücklich bestritten oder nur als ganz bedeutungslos hingestellt.
Sehr beachtenswert sind die Ausführungen derjenigen Verbände, welche eine
erhebliche Einwirkung deswegen verneinen, weil die Kreise der erfahrungsgemäß der Armenpflege zur Last fallenden und der von der Arbeiterversicherung
erfaßten Personen sich in keiner Weise decken. Es ist eine Thatsache, die
durch das vorstehende Zahlenmaterial vollauf belegt wird, daß die Armenpflege durch den weiblichen Teil der Bevölkerung weit stärker belastet wird
als durch den männlichen. Insbesondere tritt diese Belastung bei der Almosenpflege hervor, welche wiederum derjenige Zweig der Armenpflege ist,
der vielfach die größten Aufwendungen erfordert. So betrug z. B. in Posen
die Zahl der männlichen Almosenempfänger in den vier Berichtsjahren: 155,
240, 305, 358, die der weiblichen: 1038, 1218, 1481, 1594. Da nun
andererseits die weibliche Bevölkerung nicht in demselben Maße von der
Arbeiterversicherung erfaßt wird, wie die männliche, so folgt daraus mit
Notwendigkeit, daß die entlastende Einwirkung der Arbeiterversicherung auf
die Armenpflege durch diesen Umstand stark beeinträchtigt wird. Indes dürfte
in Zukunft auch diese Beeinträchtigung zum großen Teil wegfallen. Geht
man nämlich auf die Ursachen der Unterstützungsbedürftigkeit bei den weiblichen Personen zurück, so wird man finden, daß die Altersschwäche eine
ganz hervorragende Stelle einnimmt. So möge beispielsweise angeführt
werden die Zahl der Fälle, in denen Altersschwäche Ursache der Unterstützungsbedürftigkeit war für Cassel: männlich 61, 48, 42, 37, weiblich
240, 180, 150, 270; für Dortmund: männlich 83, 9, 22, 23, weiblich
140, 124, 113, 150; für Erfurt: männlich 98, 56, 65, 70, weiblich
157, 240, 290, 249; für Magdeburg: männlich 103, 101, 109, 92,
weiblich 426, 459, 484, 449 u. s. w. Gerade diese Ursache der Unterstützungsbedürftigkeit wird aber in Zukunft durch die Invaliditäts- und
Altersversicherung erheblich beeinflußt werden, da der weibliche Teil der

Bevölkerung von diesem Zweige der Versicherung weit stärker erfaßt wird, als von den anderen Versicherungen.

Der weitere Einwand, daß die häufig auftretenden Ursachen der Unterstützungsbedürftigkeit: unzureichendes Einkommen, große Kinderzahl, Arbeitslosigkeit von der bestehenden socialen Gesetzgebung nicht beseitigt werden können, ist gewiß zutreffend. Derartige Erwartungen sind nie gehegt worden. Dagegen muß der Einwand, daß die Armenpflege in der Regel von Siechen, alten Leuten in Anspruch genommen werde, daß ein großer Teil der Almosenempfänger der Versicherungspflicht nicht unterliege, weil er nicht mehr im stande sei, den für die Invaliditäts= und Altersversicherung erforderlichen Minimallohn zu verdienen, daß auch ältere Leute gerade aus Gründen, welche in der Arbeiterversicherung liegen, schwer Arbeit finden könnten, daß die der Armenfürsorge Unterliegenden schon seit Jahren nur von Unterstützungen leben, als haltlos bezeichnet werden. Denn wenn die erwähnten Kategorien von „Armen“ unter der Herrschaft der Arbeiterversicherung aufgewachsen wären, so wären sie eben rentenberechtigt geworden und würden der Armenpflege nicht anheim gefallen sein. Bei der zeitigen Beurteilung der Einwirkung der Arbeiterversicherungsgesetze auf die Armenpflege muß vor allem beachtet werden, daß die volle Wirkung erst bei den Generationen eintreten wird und kann, welche unter der Herrschaft dieser Gesetze groß geworden sind. Insbesondere die Invaliditäts= und Altersversicherung, welche bei den oben genannten Kategorien in erster Linie in Betracht kommt, ist durch das Gesetz an Voraussetzungen geknüpft, welche von dem heranwachsenden Geschlecht leicht zu erfüllen sind, die aber von dem gegenwärtigen Stamm der Armenpflege zumeist nicht mehr erfüllt werden können. Und es mag auch gleich hier noch ein anderer allgemeiner für die Armenpflege sehr bedeutsamer Gesichtspunkt hervorgehoben werden: Unter dem Einfluß der Arbeiterversicherung wächst ein ganz anderes, widerstandsfähigeres Arbeitergeschlecht heran. Die Motive zum Krankenversicherungsgesetz führen sehr treffend aus, wie die Verarmung zahlreicher Arbeiterfamilien ihren Grund darin hat, daß sie in Zeiten der Krankheit ihrer Ernährer eine ausreichende Unterstützung nicht erhalten, wie — ohne die Arbeiterversicherung — die Unterstützung in der Regel erst dann eintritt, wenn alles, was die Familie an Ersparnissen, an häuslicher Einrichtung, Arbeitsgerät und Kleidungsstücken besitzt, für die Krankenpflege und den notdürftigsten Unterhalt geopfert ist, wie daher bei vielen Arbeitern eine ernstliche Krankheit die Quelle einer Minderung der Erwerbsfähigkeit, wenn nicht völliger Erwerbsunfähigkeit für die ganze Lebenszeit ist. Dazu kommen, wie ich das bereits in meinem ersten Referat (l. c. S. 5) ausgeführt habe, die wohlthätigen Wirkungen des rechtzeitigen Eintretens und der nicht vorzeitigen Beendigung der Krankenfürsorge. Während früher der nichtversicherte Arbeiter höchstens bei ernsten Erkrankungen und auch dann meistens viel zu spät ärztlichen Rat in Anspruch nahm, und kaum geheilt, noch geschwächt von der Krankheit, die Arbeit wieder aufnahm, um der Familie den Ernährer wieder zurückzugeben, hat sich jetzt der Arbeiter daran gewöhnt, bei der geringsten Störung seiner

Gesundheit den ihm unentgeltlich zur Verfügung stehenden ärztlichen Rat in An=
spruch zu nehmen, erforderlichenfalls die Arbeit einzustellen und erst nach seiner
völligen Wiederherstellung dieselbe wieder aufzunehmen. Wenn man erwägt,
wie oft gerade „Verschleppung" der Krankheit zu ihrer Unheilbarkeit führt,
wie oft „Rückfälle" dauerndes Siechtum zur Folge haben, so wird man ermessen
können, um wie viel gesünder und widerstandsfähiger sich das unter der
Herrschaft des Krankenversicherungsgesetzes heranwachsende Arbeitergeschlecht
entwickeln wird.

Aber nicht nur das Krankenversicherungsgesetz, sondern auch das Unfall=
und Invaliditätsversicherungsgesetz üben in dieser Beziehung eine hervor=
ragende Wirkung aus durch die auf Grund dieser Gesetze erfolgende Ausübung
der Krankenfürsorge, welche gerade in letzter Zeit sich in einer für die
Arbeiter=Hygiene sehr bedeutsamen Weise zu entwickeln begonnen hat. Die
Unfallstationen, welche für sofortige ärztliche Behandlung nach Eintritt des
Unfalles sorgen, die Unfallkrankenhäuser, welchen die energische Durch=
führung des Heilverfahrens für verletzte Arbeiter obliegt, die Sanatorien der
Versicherungsanstalten, welche für solche Personen das Heilverfahren über=
nehmen, bei denen infolge schwerer, chronischer Krankheit der Eintritt der In=
validität zu befürchten ist, — alle diese Einrichtungen werden einen großen
Einfluß auf die Gesundheitsverhältnisse der Arbeiterbevölkerung ausüben und
den Prozentsatz derjenigen wesentlich verringern, welche frühzeitig dem Siech=
tum und der Invalidität anheimfallen.

Wenn zur Zeit in manchen Verbänden die Einwirkung der Arbeiter=
versicherung auf die Armenpflege noch nicht allzusehr zu erkennen war, so
ist dies durch Umstände veranlaßt, welche außerhalb der Arbeiterversicherung
liegen und die mit den Jahren sich abschwächen und schließlich ganz weg=
fallen werden. Aber auch diejenigen Verbände, welche eine Entlastung
der Armenpflege durch die Arbeiterversicherung nicht anerkennen wollen,
geben zu, daß die Belastung der Armenpflege ohne die
Arbeiterversicherung noch weit größer gewesen wäre. Darin
liegt die unbedingte Anerkennung der entlastenden Einwirkung der Arbeiter=
versicherung. Nur bei wenigen Verbänden ist in der Zahl der Unterstützungs=
fälle und in den Ausgaben für die Armenpflege ein absoluter Rückgang wahr=
nehmbar; bei den meisten Verbänden hat vielmehr nur ein relativer Rück=
gang im Verhältnis zur Bevölkerungsziffer stattgefunden. Aber auch da, wo
ein solcher relativer Rückgang nicht zu beobachten ist, ist trotzdem eine ent=
lastende Einwirkung vorhanden, nur konnte dieselbe nicht in die Erscheinung
treten, weil besondere Umstände die Armenpflege in unge=
wöhnlichem Maße belastet haben. Und so wird man denn finden, daß
auch bei solchen Verbänden, bei denen gegenüber dem ersten Berichtsjahr (1880),
im zweiten und dritten Berichtsjahr (1885 und 1890) ein wesentlicher absoluter
oder relativer Rückgang wahrnehmbar ist, doch im letzten Berichts=
jahr (1893) nicht nur kein Rückgang, sondern vielfach eine
nicht unerhebliche Steigerung eingetreten ist. Der Grund hier=
für liegt in der ungünstigen Lage der wirtschaftlichen Verhältnisse in diesem
Jahrzehnt: Verteuerung der notwendigsten Lebensmittel, Verteuerung der
Mieten, insbesondere der Arbeiterwohnungen, allgemeine Verschlechterung der

Erwerbsverhältnisse, allgemeine Arbeitslosigkeit, ungünstige Lage bestimmter im Orte stark vertretener Industrien, schlechte Ernte, strenger Winter, Vermehrung der Bevölkerung in den unteren Schichten bezw. Arbeiterkreisen, Zuzug ländlicher Bevölkerung, Überschwemmung und nicht zum mindesten die Influenza=Epidemien — alle diese Ursachen werden von den einzelnen Verbänden ausdrücklich hervorgehoben und geben hinreichende Begründung für die ungewöhnliche Belastung der Armenpflege. Wenn trotzdem die Verbände diese Krisis nicht nur leicht bestanden haben, sondern sogar noch vielfach zur Verstärkung und Erhöhung der Armenpflegeleistungen schreiten konnten, so war dies eben nur unter dem Einflusse der Arbeiterversicherung möglich und man kann wohl sagen, daß gerade damit die Arbeiterversicherung die glänzendste Probe bestanden hat. Gerade in den letzten Jahren sind insbesondere von der Krankenversicherung enorme Summen verausgabt worden, eine große Anzahl von Kassen war genötigt, ihre Ersparnisse früherer Jahre in bedeutendem Maße zu Hilfe zu nehmen. Zu rechter Zeit trat die Invaliditäts= und Altersversicherung in Wirksamkeit, die Hunderttausende ohne entsprechende Gegenleistung in den Genuß von lebenslänglichen Renten setzte und damit die Armenpflege in erheblichster Weise entlastete. Es läßt sich schwer darüber urteilen, wie die Verhältnisse in den letzten Jahren sich gestellt hätten, wenn die Arbeiterversicherung nicht organisiert gewesen wäre; ich neige indeß der Annahme zu, daß die durch den wirtschaftlichen Niedergang und die daraus resultierende große Arbeitslosigkeit hervorgerufene ungünstige Lage der arbeitenden Bevölkerung durch die Arbeiterversicherung stark paralysiert worden ist und das Eintreten einer schweren Krisis verhütet hat.

Andererseits wird man nicht jeden Rückgang bei der Armenpflege auf das Konto der Arbeiterversicherung schreiben dürfen. Wie die Äußerungen der Verbände erkennen lassen, haben vielfach Organisations=Änderungen, insbesondere die Einführung des Elberfelder Systems, zur Entlastung der Armenpflege geführt.

Die Einwirkung der Arbeiterversicherung tritt in den großen Städten am stärksten in die Erscheinung, sie wird auch von diesen fast durchgängig anerkannt. Der nächstliegende Grund hierfür ist die numerische Stärke der versicherungspflichtigen Bevölkerung; es kommen aber auch andere Gründe in Betracht. Der großstädtische Arbeiter ist zwar besser gelohnt, seine Lebensansprüche sind aber um so viel höher, daß hierdurch der Lohnunterschied mehr als aufgehoben wird. Trotz der hohen Lebensansprüche lebt der großstädtische Arbeiter meistens unter viel ungünstigeren Verhältnissen, als der kleinstädtische. Insbesondere sind es die vielfach schlechten Wohnungsverhältnisse, welche auf die Gesundheit des Arbeiters einen sehr ungünstigen Einfluß ausüben. Des weiteren ist es das Getriebe der Großstadt mit den großen Entfernungen, dem Anreiz zum Genusse, dem unruhigeren Leben, der großen Anspannung der Kräfte, welches den großstädtischen Arbeiter leichter erschöpft und früher aufreibt. Wenn daher die Armenpflege durch die großstädtischen Arbeiter mehr belastet wird, so ist auch die Einwirkung der Arbeiterversicherung eine stärkere, sichtbarere gewesen. In mittleren und

kleineren Städten kann, abgesehen von den eben geschilderten Einflüssen, die
Einwirkung nicht so stark sein, weil hier das Gros der Arbeiterbevölkerung
zumeist in wenigen großen Etablissements vereinigt ist, und bereits vor In=
krafttreten der reichsgesetzlichen Versicherung gegen die Folgen von Krankheit,
vereinzelt auch gegen Unfall versichert war. Die insbesondere durch die
Krankenversicherung verursachte Vermehrung der versicherten Personen kommt
in erster Linie den großen Städten zu Gute.

Demgemäß ist auch die Belastung der Versicherung eine verschiedene.
In der Großstadt werden an die Krankenversicherung ganz enorme Ansprüche
gestellt. Das mag aus der von Berlin hervorgehobenen Thatsache erhellen,
daß von den Berliner Krankenkassen allein für Krankenhauspflege ihrer Mit=
glieder an die Stadtverwaltung in den letzten 8 Jahren 3 Millionen Mark
gezahlt worden sind. Die Belastung der Unfallversicherung wird nicht minder
groß sein, es lassen sich indes hierfür keine Belege anführen. Dagegen ist die
Belastung der Invaliditäts= und Altersversicherung eine geringere, weil nur ein
kleiner Prozentsatz das 70. Lebensjahr erreicht, weil der in seiner Arbeitskraft ver=
brauchte Arbeiter vielfach die Stadt verläßt, da er hier schwer Arbeit findet
und hofft, den Rest seiner Arbeitskraft in seinem Herkunftsort besser ver=
werten zu können, weil endlich der zur Zeit noch geringfügige Betrag der
Rente für den hochgelohnten Arbeiter zu wenig verlockend ist, als daß die=
selbe ihn davon abhalten könnte, mit Aufgebot aller Kräfte die Arbeit mög=
lichst lange fortzusetzen.

Wie nun in den großen Städten die Einwirkung am stärksten ist, so
sind dieselben auch für die Beobachtung der Einwirkung am geeignetsten,
weil in den kleinen Gemeinden bei dem häufig sehr mäßigen Umfange der
Armenpflege in den einzelnen Zweigen, ganz geringfügige außerhalb der
Arbeiterversicherung liegende Ursachen schon bedeutende Schwankungen her=
vorrufen. Dieser Umstand wird auch verschiedentlich von den Verbänden
betont.

Die Erscheinung, daß sich, wie bereits oben erwähnt, meistens nur die
großen Verbände über die Einwirkung der Arbeiterversicherung äußern, die
kleinen Verbände sich hingegen überwiegend auf die bloßen Zahlenangaben be=
schränken, daß ferner auch die Anerkennung der Einwirkung in rückhaltsloser
Weise zumeist nur von den größeren Verbänden geschieht, während die kleinen
Verbände sich, wenn überhaupt, doch mehr oder weniger in verneinendem Sinne
äußern, kann vielleicht in den vorstehenden Ausführungen ihre teilweise Er=
klärung finden. Dazu kommt, daß man in den großen Verbänden die Ein=
wirkung bereits seit Jahren mit mehr Aufmerksamkeit verfolgt hat, als in
den kleineren Gemeinden.

Andererseits wäre es gerade in den kleinen Gemeinden, vermöge der
genauen Personalkenntnis bei den zuständigen Stellen, am ehesten möglich, die
Einwirkung bis in das kleinste zu verfolgen und festzustellen. Im allge=
meinen ist aus den Berichten zu entnehmen, daß mit geringen Ausnahmen
der Beobachtung der Wechselwirkung von Arbeiterversicherung und Armen=
pflege nicht die genügende Aufmerksamkeit zugewendet worden ist. Es ist
zu hoffen, daß der Deutsche Verein für Armenpflege und Wohlthätigkeit durch
die von ihm veranstaltete Enquete vielfach die Anregung zur Beschäftigung

mit dieser Frage gegeben haben wird, wie denn von einzelnen Verbänden aus=
drücklich die Zusage ständiger Beobachtung für die Zukunft gemacht worden
ist. Es wird indes erforderlich sein, daß auch die staatlichen Behörden dieser
Frage größere Aufmerksamkeit zuwenden. Wenn auch in dieser Beziehung
die Untersuchungen des Vereins bereits das Reichsamt des Innern zur Ver=
anstaltung einer Enquete veranlaßt haben, so dürfte es sich doch für die
Zukunft empfehlen, die Verbände von Staats=Aufsichtswegen zu fort=
laufenden Beobachtungen und Berichten anzuregen.

III. A. Was nun im einzelnen die Einwirkung der drei Versicherungsarten
auf die Armenpflege anlangt, so nimmt die Krankenversicherung den
ersten Platz ein. Von zahlreichen großen Verbänden, wie z. B. Berlin,
Cassel, Hannover, Rostock, wird der entlastende Einfluß der Krankenversicherung
als zweifellos und sehr wesentlich hingestellt. Die Krankenver=
sicherung übt durch ihre Leistungen Einfluß auf die offene und geschlossene
Krankenpflege, auf die Almosenpflege und das Beerdigungswesen. Der
allgemein wohlthätigen Einwirkung, welche dadurch entsteht, daß der Arbeiter
immermehr bei allen Erkrankungen überhaupt und rechtzeitig ärztliche Hilfe
in Anspruch nimmt, ist bereits oben gedacht worden. Die Größe dieser vor=
beugenden Einwirkung wird sich nie auch nur annähernd feststellen lassen,
sie wird auch erst nach Generationen voll in die Erscheinung treten. Aber
diese Einwirkung reicht auch auf den nichtversicherten Teil
der Bevölkerung, insbesondere auf die Familienange=
hörigen der Versicherten hinüber: Der Arbeiter erkennt den wohl=
thätigen Einfluß des rechtzeitigen Eintretens der Krankenfürsorge und gewöhnt
sich daran, bei Erkrankungen in der Familie gleichfalls sofort ärztliche Hilfe
in Anspruch zu nehmen. Das Bedürfnis der sofortigen Inan=
spruchnahme des Arztes bleibt auch dann bei ihm bestehen,
wenn er infolge längerer Arbeitslosigkeit aus der Kasse
ausgeschieden ist und einen Anspruch an die Krankenver=
sicherung nicht mehr hat. Dadurch wird allerdings die Armenpflege
erheblich belastet und der Verband Colmar berichtet, er sei infolge der
starken Inanspruchnahme der Armenkrankenpflege seitens der Arbeiter für
ihre Familien genötigt gewesen, diesen Zweig der Armenpflege vollständig
umzuwandeln, wodurch eine Verdoppelung der diesbezüglichen Ausgabe bewirkt
wurde: die durch die Versicherung der Häupter der Familie erzielte Ersparnis
sei daher durch diese Ausgaben mehr wie aufgewogen. Trotzdem nennt
Colmar diese Erscheinung eine „gute Folge" der Krankenversicherung. Und
mit Recht! Denn abgesehen von ethischen, socialpolitischen und hygieinischen
Gesichtspunkten, ist die belastende Wirkung der Armenpflege nur scheinbar, da
die hierfür aufgewendeten Mittel zur Verhütung künftiger, dauernder
und schwererer Belastung der Armenpflege wesentlich beitragen. Welchen
Einfluß die Krankenversicherung auf die Armenleistung von „Arzt und
Medizin" hat, mag aus der von Aachen gegebenen Zusammenstellung
erhellen, wonach die Zahl dieser Leistungen von 9049 im Jahre 1880 auf
6850 im Jahre 1885 zurückging.

Die Krankenhauspflege hat durch die Krankenversicherung eine bedeutende
Entwickelung dadurch erfahren, daß die Kassen in umfangreichstem Maße

diese Pflege ihren Mitgliedern gewährten. Nachdem durch die Novelle zum Krankenversicherungsgesetz die Gründe, aus denen die Kasse auch gegen den Willen der Versicherten die Krankenhauspflege anordnen kann, erweitert worden sind, wird die Inanspruchnahme der Krankenhauspflege sich voraussichtlich noch mehr steigern. Die großen Summen, welche die Berliner Kassen an die Gemeindeverwaltung für Krankenhauspflege ihrer Mitglieder zahlen, sind schon oben erwähnt worden. Unter 29000 in städtischen Anstalten Aufgenommenen befanden sich dort im Jahre 1888/89: 4700 Kassenmitglieder, unter 41000 im Jahre 1892/93: 8300. Es sei ferner auf Magdeburg verwiesen, welches berichtet, daß die Zahl der auf die Krankenkassen entfallenden Verpflegungs= tage in der Zeit von 1880 bis 1893 sich verzehnfacht hat, während die Zahl der Verpflegungstage überhaupt sich nur verdoppelte.

Je mehr kommunale, staatliche oder private Krankenhauseinrichtungen zur Verfügung standen, desto mehr konnten die Kassen diese Einrichtungen in Anspruch nehmen; die stärkste Inanspruchnahme war auch hier in großen Städten. Den wachsenden Bedürfnissen gingen die Gemeindeverwaltungen nach durch Neueinrichtung oder Erweiterung von Krankenanstalten. Diese Einwirkung des Krankenversicherungsgesetzes wird von vielen Verbänden — insbesondere auch von Berlin — als zweifellos hingestellt. Wie es nun aber einerseits unbestritten ist, daß die Krankenversicherung durch Gewährung der Krankenhauspflege die öffentliche Armenpflege stark entlastet hat, so wird doch die volle Wirkung durch mehrere Umstände beeinträchtigt, so zunächst da= durch, daß in der Regel die Kommunalverbände den Kassen nicht die vollen Selbstkosten für die Krankenhauspflege in Rechnung stellen. So liquidiert Magdeburg nur einen Tagessatz von 1,50 Mark gegen 2,13 Mark Selbstkosten und giebt die dadurch bewirkte Belastung auf durchschnittlich jährlich 40000 Mark an. Dazu kommt, daß durch die Krankenhausbehandlung die öffentliche Armenpflege bezüglich der Familienangehörigen der Versicherten sehr häufig belastet wird. Wie nämlich die Verbände allgemein berichten, ist die Armenpflege namentlich dann genötigt, neben der Krankenversicherung einzutreten, wenn der Ernährer der Familie sich im Krankenhaus befindet und die sog. Familien= unterstützung bei zahlreicher Familie zum Unterhalte derselben nicht ausreicht. Endlich ist die Armenpflege genötigt, die Krankenhausbehandlung fortzu= gewähren, wenn die Verpflichtung der Kassen mit Ablauf der statutarischen Unterstützungsdauer erloschen ist.

Eine Art der geschlossenen Krankenpflege ist unter dem Einflusse der Krankenversicherung völlig neu entstanden: Die Rekonvaleszenten= pflege, und die Gesetzgebung hat nicht gezögert, (Novelle § 21 Ziffer 3a) dieselbe nachträglich anzuerkennen. Die Rekonvalescentenpflege bildet eine Ergänzung der Krankenfürsorge, sie bewirkt die völlige Wiederherstellung des Erkrankten, verhütet das Eintreten von „Rückfällen" und übt dadurch einen bedeutenden vorbeugenden Einfluß aus. Die Einrichtung ist da, wo dieselbe, wie z. B. in Berlin, von den Kommunalverbänden bewirkt worden ist, auch den Nichtversicherten, insbesondere den Armenpfleglingen zugänglich.

Welches Maß der Einwirkung auf die Almosenpflege der

Krankenversicherung zuzuschreiben ist, läßt sich schwer bestimmen, da hier
Unfallversicherung und besonders Invaliditäts= und Altersversicherung kon=
kurrieren. Dagegen ist die Einwirkung auf das Beerdigungswesen eine
unverkennbare und von zahlreichen Verbänden als unzweifelhaft anerkannte.
So betrugen z. B. die Zahlen der Armenbegräbnisse während der vier
Berichtsjahre in Aachen: 807, 666, 501, 619, in Barmen: 340, 190, 120,
160, in Berlin: 2900, 2500, 2400, in Düsseldorf: 800, 560, 500, 570
u. s. w. Es zeigt sich also hier nicht nur eine sehr bedeutende relative,
sondern auch eine nicht unerhebliche absolute Abnahme. Interessant ist die
Bemerkung von Berlin, welches in dem Rückgang der Sterbeunterstützungs=
fälle einen Einfluß der Socialgesetze erkennt aber hinzufügt: „Andererseits
ist zu berücksichtigen, daß bei einem großen Teil der ärmeren seßhaften Be=
völkerung sich das Bestreben zeigt, durch Mitgliedschaft bei einer (auf Frei=
willigkeit beruhenden) Sterbekasse, sich ein angemessenes Begräbnis zu sichern,
das Armenbegräbnis zu vermeiden". Man wird nicht fehl gehen, wenn
man auch hier einen Einfluß der Arbeiterversicherung annimmt, welche durch
ihre Leistung des Sterbegeldes auch den nichtversicherten Teil der Bevölkerung
zur Vermeidung des Armenbegräbnisses anregt.

Aus den vorstehenden Ausführungen erhellt, daß die Krankenversicherung
nicht allein einen positiv entlastenden Einfluß auf die Armenpflege aus=
übt, sondern daß auch darüber hinaus Einwirkungen hervorgerufen werden,
welche eine hervorragende kulturelle Bedeutung für sich beanspruchen können.
Andererseits kann die Einwirkung nicht voll zur Geltung kommen, weil nach
Lage der gegenwärtigen Gesetzgebung die Leistungen der Krankenversicherung
nicht derartige sind, daß sie allein die Armenpflege stets und gänzlich ent=
behrlich machen könnten. Es sind insbesondere zwei, bereits berührte, Fälle, bei
welchen von zahlreichen Verbänden die Notwendigkeit des Eintretens der Armen=
pflege neben, bezw. in Ergänzung der Krankenversicherung betont wird. Bei
Verpflegung des Familienhauptes im Krankenhause genügt
die sog. Familienunterstützung für eine zahlreiche Familie
nicht; hier muß die Armenpflege durch Gewährung von Almosen an die
Familienangehörigen eintreten. Berlin führt aus, daß bei längerer Dauer
der Krankenhauspflege und bei zahlreicher Familie die Armenpflege fast
stets zum Eingreifen genötigt sei. Es dürfte sich zur Abhilfe dieses Übel=
standes empfehlen, die Familienunterstützung nicht generell, wie es nach der
gesetzlichen Bestimmung jetzt geschieht, für alle Fälle in gleicher Höhe festzu=
zusetzen, sondern sie je nach Lage des Falles zu bemessen. In
vielen Fällen, z. B. beim Vorhandensein einer Ehefrau, welche selbst regel=
mäßig eine Erwerbsthätigkeit ausübt, wird die Familienunterstützung gänz=
lich wegfallen können oder nur zu einem kleineren als dem gesetzlichen
Satze gewährt zu werden brauchen. Die hierdurch erzielte Ersparnis könnte
mit dazu benutzt werden, um beim Vorhandensein zahlreicher Familien=
angehöriger unter Umständen weit über den gesetzlichen Satz hinauszugehen.
Dieses Verfahren hat die Invaliditäts= und Altersversicherungsanstalt Berlin
bei Festsetzung der Familienunterstützung für diejenigen Personen, welche
gemäß § 12 des Invaliditäts= und Altersversicherungsgesetzes in ihr Sana=
torium aufgenommen sind, mit bestem Erfolge eingeführt.

Der zweite Fall betrifft das Eingreifen der Armenpflege beim Aufhören der Kassenleistung. So hat z. B. Berlin in der Zeit von 1888 bis 1893 allein bei der Krankenhauspflege in nicht weniger als 853 Fällen ergänzend eintreten müssen. Die Beschränkung der Krankenfürsorgedauer ist vom socialpolitischem Standpunkte ein Fehler, welcher geeignet ist, so manchen durch das Krankenversicherungsgesetz errungenen Erfolg in Frage zu stellen. Zwar greift jetzt hier das Invaliditäts= und Altersversicherungsgesetz dadurch ein, daß bei länger als 52 Wochen währender Erwerbsunfähigkeit die Invalidenrente bewilligt werden muß und gemäß § 12 des Invaliditäts= und Altersversicherungsgesetzes die Versicherungsanstalten überhaupt befugt sind, die Krankenfürsorge zu übernehmen, falls als Folge der Krankheit Invalidität zu befürchten steht. Indes, dadurch wird der erwähnte Übelstand keineswegs beseitigt. Bei einer socialpolitisch vollkommenen Arbeiterversicherung muß, wie ich das in der „Socialen Praxis“ IV. Jahrgang, Nr. 34 ausgeführt habe, das Princip der zeitlich unbegrenzten Krankenfürsorge gelten: die Krankenfürsorge dauert so lange, als sie nach ärztlichem Ermessen notwendig und zweckmäßig ist und das Endresultat ist entweder möglichste Wiederherstellung oder Invalidisierung. Die vollkommene Durchführung dieses Prinzips wird nur durch Verschmelzung von Invaliditäts= und Krankenversicherung erreicht werden können.

Schließlich mag noch erwähnt werden, daß auch die geschlechtlichen Erkrankungen der Arbeiter, insbesondere die Syphilis, das Eintreten der Armenpflege notwendig machen. Die meisten Kassen gewähren bei Erkrankungen, welche durch geschlechtliche Ausschweifungen verursacht sind, kein Krankengeld. Ist daher die Aufnahme in ein Krankenhaus notwendig — und diese Notwendigkeit ist in den meisten Fällen vorhanden — so gewährt die Kasse dem Armenverbande nur die Hälfte des Krankengeldes als Ersatz für Arzt und Arznei, sodaß zum überwiegenden Teile die öffentliche Armenpflege eintreten muß. Über die hierdurch verursachte Belastung klagen insbesondere Berlin und Plauen i. V.

B. Der Einfluß der Unfallversicherung muß sich hauptsächlich zeigen bei der Almosen= und Waisenpflege, weniger stark bei der Armenkrankenpflege und dem Beerdigungswesen. Die Verbände äußern sich über den Einfluß der Unfallversicherung sehr vorsichtig; das liegt aber lediglich daran, daß die Armenverbände — worüber auch fast einmütig geklagt wird — mit der Unfallversicherung in keinerlei Fühlung stehen, keine Kenntnis von dem Umfange der bewilligten Renten erhalten und nur von denjenigen Rentenfestsetzungen erfahren, bei welchen sie durch die vorherige Anrufung der Armenpflege seitens der Berechtigten, beteiligt sind. Daß die Einwirkung der Unfallversicherung eine sehr starke ist, kann gar nicht bezweifelt werden, es fehlen aber die ziffermäßigen Nachweise (vgl. z. B. München). Selbst schätzungsweise Angaben können, mangels der Kenntnis von dem Umfange der Rentenfestsetzungen und mangels der Beobachtung der Wechselwirkung durch die Verbände, nicht gemacht werden. Indes aus einem Umstande läßt sich die entlastende Einwirkung wohl erkennen. Wenn nämlich die Verbände fast allgemein darüber klagen, daß sie wegen Verzögerung der Renten=

festsetzung in sehr zahlreichen Fällen vorläufig an Stelle der Unfallversicherung eintreten mußten (vgl. hierüber unten), so ist damit erwiesen, daß d i e s e Fälle jedenfalls der Armenpflege dauernd verbleiben würden, wenn nicht die Unfallversicherung vorhanden wäre. G e r a d e a u s d e r N o t w e n d i g k e i t d e s s e h r h ä u f i g e n p r o v i s o r i s c h e n E i n t r e t e n s d e r A r m e n = p f l e g e l ä ß t s i c h a m b e s t e n d e r S c h l u ß a u f d i e G r ö ß e d e r E n t l a s t u n g z i e h e n. So berichtet z. B. Allenstein, daß das provisorische Eintreten bei ⁴/₅ aller Unfälle notwendig war, Graudenz gar bei allen Unfällen, Schneeberg bei 30 %.

Die Einwirkung der Unfallversicherung ist um so stärker, als die Leistungen der Unfallversicherung so reichlich bemessen sind, daß sie fast in allen Fällen jede ergänzende Leistung der Armenpflege entbehrlich machen. Bei der W a i s e n p f l e g e ist in vielen Verbänden der Rückgang ganz offenbar. So betrug z. B. die Zahl der in die Waisenpflege neu aufgenommenen Personen in den vier Berichtsjahren in Barmen: 93, 71, 45, 44. (Der Rückgang von 93 auf 44 ist um so erheblicher, als in dem gleichen Zeitraum die Bevölkerung von 95 000 auf 123 000 gestiegen ist.) Bielefeld: 145, 205, 120, 93. (Es ist zu beachten, daß die volle Wirkung des Gesetzes erst im dritten Berichtsjahre, 1890, eintreten konnte). Bromberg: 197, 181, 149, 138. Cassel: 95, 100, 45, 50 u. s. w. Doch ist andererseits bei zahl= reichen Verbänden, insbesondere den mittleren und kleineren keine Einwirkung in den Zahlen zu erkennen; hierbei möchte ich indeß die Vermutung aus= sprechen, daß vielfach nicht die Zahlen für die n e u Aufgenommenen, sondern für den ganzen Bestand angegeben sind. Berlin konstatiert einen Rückgang der in der Waisenpflege befindlichen Kinder von 0,34 % der Bevölkerung im Jahre 1883/84 auf 0,29 % im Jahre 1890/91. Diesen Rückgang, sowie den Rückgang bei der Almosenpflege, schreibt Berlin ausdrücklich der Ein= wirkung der Unfallversicherung zu.

Bei der A l m o s e n p f l e g e ist die Einwirkung erkennbarer, wenn man männliche und weibliche Pfleglinge auseinander hält. Es ist schon oben auf die verhältnismäßig hohe Belastung der Almosenpflege durch die w e i b= l i c h e Bevölkerung hingewiesen und zwar ist hier der Grund der Unter= stützungsbedürftigkeit meistens hohes Alter und Siechtum; durch diesen Um= stand wird das Bild der Einwirkung vielfach getrübt.

Augsburg berichtet, daß die Zahl der Almosenempfänger bis zum Jahre 1884 von 1,23 % der Bevölkerung auf 1,31 % gestiegen und seit dieser Zeit bis 1893 auf 1,10 % gefallen sei; es wird hinzugefügt, daß zu diesem Ergebnis die Unfallversicherung zweifellos beigetragen habe. In Barmen sind die Ziffern für die 4 Berichtsjahre: 940, 700, 740, 840. Das Steigen der Ziffern im letzten Berichtsjahre ist bereits oben des weiteren begründet worden. Berlin meldet ein Sinken von 1,27 % im Jahre 1883/84 auf 1,21 % im Jahre 1890/91. Dortmund: 780, 640, 480, 500. Elber= feld: männlich 770, 480, 480, 760, weiblich 1100, 880, 990, 1070. Erfurt: männlich 381, 248, 291, 372, weiblich 995, 1003, 1150, 1221. Hier zeigt sich die überwiegende Belastung durch die weibliche Bevölkerung deutlich. Ebenso in Halle, Posen, Zittau u. s. w. Bei denjenigen Ver= bänden, welche ein stetes Anwachsen der Gesamtzahl der Almosenempfänger angeben, ist die Wahrscheinlichkeit vorhanden, daß auch hier die Steigerung lediglich auf den weiblichen Teil entfällt. **Jedenfalls fällt bei der Beurteilung der Einwirkung der Arbeiterversicherung auf die Almosenpflege der Anteil der weiblichen Bevölkerung schwer ins Gewicht.**

Welchen Anteil die Unfallversicherung an der Entlastung der Armen= krankenpflege und des Beerdigungswesens hat, würde sich nur durch ganz specielle Untersuchungen in jedem Verbande feststellen lassen; hier überwiegt aber jedenfalls der Einfluß der Krankenversicherung, wiewohl gerade in jüngster Zeit durch Einrichtung von Unfallstationen und Unfallkrankenhäusern seitens der Berufsgenossenschaften die Krankenfürsorge der Unfallversicherung eine neue hochbedeutsame Entwicklung genommen hat.

Daß die Armenpflege sehr häufig genötigt war, wegen Verzögerung der Rentenfestsetzung vorläufig an Stelle der Unfallversicherung einzutreten, ist schon oben erwähnt worden. Auch dauerte die einstweilige Fürsorge der Armenpflege vereinzelt sehr lange, so in Berlin bis zu $2^{1}/_{2}$ Jahren, in Potsdam bis zu einem Jahre. Andererseits berichtet Berlin ausdrücklich: Eigentliche Verzögerungen der Fürsorge der Berufsgenossenschaften sind nicht wahrgenommen. Über die Beziehungen der Unfallrentenempfänger zur Armen= pflege sind leider nur sehr vereinzelte Angaben gemacht worden, weil eben, wie bereits erwähnt, die Armenpflege in keinerlei Fühlung mit der Unfall= versicherung steht. Wie man nun einerseits unbedenklich diejenigen Fälle, in denen die Armenpflege provisorisch eintreten mußte, als wichtiges Material für die durch die Unfallversicherung eingetretene Entlastung benutzen kann (vgl. oben), so wäre andererseits die Annahme verfehlt, daß sich in diesen Fällen die Einwirkung erschöpft. Wenn z. B. in Aachen von 574 Unfall= rentnern nur 11 mit der Armenpflege in Berührung kamen, so läßt sich hieraus allein keinerlei Schlußfolgerung über das Maß der Einwirkung ziehen. Es würde sich fragen, wie viele von den übrigen 563 Renten= empfängern die Armenpflege hätten in Anspruch nehmen müssen, wenn die Unfallversicherung nicht eingetreten wäre. **Dazu bedürfte es der Unter= suchung der wirtschaftlichen Verhältnisse der betr. Personen.** Bei einem großen Teil der 563 Rentenempfänger wird die Fürsorge der Versicherung prompt eingetreten sein, ein anderer Teil wird im Besitze von genügenden Ersparnissen gewesen sein, um sich bis zur Feststellung der Rente durchzuschlagen. Auch kommt es sehr häufig vor, daß solche rentenberechtigte Personen einstweilen durch Aufnahme von Darlehen — welche ihnen mit Rücksicht auf den künftigen Rentenanspruch bereitwilliger als sonst gemacht werden — bei Verwandten, Freunden oder Hausgenossen, sowie durch Ent= nahme von Lebensmitteln gegen Stundung des Kaufpreises, sich „über Wasser halten". Wenn also auch alle diese Personen in den Rentengenuß getreten sind, ohne mit der Armenpflege in Berührung zu kommen, so liegt doch die Annahme nahe, daß weitaus der größte Teil derselben, wenn die Unfall= versicherung nicht eingetreten wäre, nach längerer oder kürzerer Zeit schließlich doch der Armenpflege anheimgefallen wäre. Dadurch, daß aber der größte Teil der Unfallrentenempfänger mit der Armenpflege in keinerlei Berührung kommt, daß sich die Thätigkeit der Unfallversicherung fast ohne jede Kenntnis der Armenverwaltung vollzieht, geraten die Verbände in Gefahr, die Einwirkung der Unfallversicherung zu unterschätzen. Und so wird denn, wie bereits erwähnt, in den Berichten der Einfluß der Unfall= versicherung nur oberflächlich berührt; es werden höchstens Vermutungen ohne Unterlage ausgesprochen. Nur ganz vereinzelt sind Schätzungen wie die von Kempten, wo angenommen wird, daß von 14 Unfallrentenempfängern 7 sicher und 2 vielleicht die Armenpflege hätten in Anspruch nehmen müssen. Schnee= berg ist der Ansicht, daß die Unfallrentner „meist" mit Familie der Armen= pflege zur Last gefallen wären.

Das durch die mehrfach erwähnten Verzögerungen in der Rentenfest= setzung notwendig werdende Eintreten der Armenpflege beeinträchtigt auf das empfindlichste die socialpolitischen Wirkungen der Unfallversicherung. Die Ur= sache dieser Erscheinung ist, wie ich dies bereits mehrfach an anderen Stellen ausgeführt habe, in der Schwerfälligkeit der Organisation der Unfallversicherung zu suchen. Es ist wohl zu hoffen, daß mit der Zeit, insbesondere auch unter der Einwirkung des § 76 b der Krankenversicherungsnovelle, welcher die An= zeigepflicht der Krankenkassen über unfallentschädigungspflichtige Erkrankungen an die Organe der Unfallversicherung regelt, das Eintreten der Unfallver= sicherung sich prompt vollziehen wird.

C. Die Einwirkung der Invaliditäts= und Altersversiche= rung kommt in erster Linie bei der Almosenpflege in Betracht. Hier wird der Einfluß mit der Zeit ein ganz bedeutender werden, was von zahlreichen Verbänden ausdrücklich anerkannt wird. Die stärkste Belastung für die Armen= pflege bilden diejenigen Personen, welche dauernd mit laufenden Almosen, Spenden unterstützt werden müssen. Die Ursache bei diesen Unterstützungs= fällen ist in den weitaus meisten Fällen hohes Alter und Siechtum. Gerade diese Fälle werden aber von der Invaliditäts= und Altersversicherung erfaßt. Wenn zur Zeit die Einwirkung dieses Zweiges der Versicherung noch keine sehr große ist, so liegt dies zunächst in der kurzen Dauer der Wirk= samkeit des Gesetzes. Sowohl bei der Invaliditäts= als auch bei der Altersversicherung gelten noch die Übergangsbestimmungen, welche Nach= weise für die Erlangung der Rente fordern, die von vielen an sich Renten= berechtigten nicht mehr erbracht werden können. Der größte Teil des gegen= wärtigen Bestandes von Almosenpfleglingen kann aber überhaupt von der Versicherung nicht mehr erfaßt werden, weil eben Invalidität schon einge= treten ist und daher die Wartezeit in einer versicherungspflichtigen Be= schäftigung nicht mehr erfüllt werden kann. Erst wenn dieser alte Be= stand durch Tod oder aus anderen Gründen aus der Armen= pflege ausgeschieden ist, wird die Einwirkung der Versiche= rung voller in die Erscheinung treten.

Ein weiterer Grund für die zur Zeit noch nicht bedeutende Einwirkung ist die Geringfügigkeit der Renten, wodurch die Armenpflege ge= nötigt ist, in zahlreichen Fällen neben den Leistungen der Versicherung er= gänzend einzutreten. Da indes die Rente mit jeder verwendeten Beitrags= marke wächst, so wird dieser Grund mit den Jahren hinwegfallen. Auch kommt dieser Grund zumeist nur für die größeren Städte mit erhöhten Lebensansprüchen in Betracht, während in kleineren Städten und Land=

gemeinden die Rente im allgemeinen genügt. Es kommt auch darauf an, ob von der Rente nur der Versicherte allein leben soll, oder ob die Familie auf dieselbe, als das einzige Einkommen ihres Ernährers, angewiesen ist. Endlich wird auch öfter die Rente bei normalen Verhältnissen genügen, während erst Krankheit das Einspringen der Armenpflege nötig macht. Über die Einwirkung der Invaliditäts- und Altersversicherung sind die Verbände genauer unterrichtet, weil sie von den Rentenbewilligungen Kenntnis erhalten. Die von den Verbänden gegebenen Zahlen über diejenigen Rentenempfänger, welche infolge der Rentenfestsetzung aus der Armenpflege ausschieden, geben zwar — wie dies bereits bei der Unfallversicherung betont wurde — einen sicheren Faktor für die eingetretene Entlastung der Armenpflege, aber der volle Umfang der Entlastung wird dadurch nicht festgestellt. Es fragt sich vielmehr auch hier, wie viele von den Rentenempfängern, welche mit der Armenpflege noch nicht in Berührung gekommen sind, wären nach ihrer wirtschaftlichen Lage ohne die Rente genötigt gewesen, die Armenpflege in Anspruch zu nehmen. Bei der Schätzung dieser Zahl muß man um so vorsichtiger sein, als z. B. zahlreiche A l t e r s rentenempfänger durchaus nicht unterstützungsbedürftig sind, sondern ihrer früheren Erwerbsthätigkeit weiter nachgehen. So sind z. B. in München 50 Rentenempfänger gänzlich und 42 teilweise infolge der Rentenfestsetzung aus der Armenpflege geschieden. Die Zahl der durch die Rentenfestsetzung der Armenpflege entgangenen Personen wird hier auf 150 geschätzt unter 1028 Rentenempfängern. Kempten schätzt diese Zahl sehr hoch, nämlich von 20 Invalidenrentenempfängern auf 18, von 17 Altersrentenempfängern auf 10 „sicher" und 4 „wahrscheinlich". Schneeberg glaubt, daß die Invalidenrentenempfänger „meist", die Altersrentenempfänger zu 50 % völlig oder teilweise der Armenpflege zur Last gefallen wären.

Die Zahl der Fälle, in denen die Armenpflege neben der Rente ganz oder teilweise eintreten mußte, ist nicht unbedeutend. So schieden z. B. in Augsburg von 45 in der Armenpflege befindlichen Rentenempfängern nur 3 gänzlich infolge der Rentenfestsetzung aus und 28 Personen fielen n a c h Beginn der Rentenfestsetzung der Armenpflege anheim. Besonderes Interesse muß die von Berlin gegebene Zusammenstellung erregen. Die Untersuchungen erstrecken sich hier auf 1600 unter 2660 Rentenempfängern. Von diesen 1600 waren 150 in der Armenpflege; hiervon blieben 42 Personen mit 5800 Mark Almosen neben 5780 Mark Rente in der Armenpflege, 25 Personen mit 2820 Mark Almosen schieden gänzlich aus und 83 teilweise, nämlich von 14000 Mark Almosen auf 8600, also mit 5400 Mark Ermäßigung. Die Armenpflege hat also sicher rund 8000 Mark jährlich durch die Versicherung gespart.

Die Unzulänglichkeit der Rente und damit der Versicherung überhaupt geht auch aus der vom socialpolitischen Standpunkt wenig erfreulichen Mitteilung einiger Verbände hervor, wonach Rentenempfänger ins Armenhaus zur vollen Verpflegung gegen gänzliche oder teilweise Inanspruchnahme der Rente aufgenommen wurden, so Breslau, Regensburg, Hannover.

Von nicht zu unterschätzender Bedeutung für die Armenpflege ist die K r a n k e n f ü r s o r g e = T h ä t i g k e i t der Invaliditätsversicherung. Als eine

Art dieser Thätigkeit kann man schon die Rentenbewilligung in den Fällen be=
trachten, in welchen der Versicherte nicht dauernd, sondern nur länger als 52
Wochen erwerbsunfähig ist. Da die Krankenkassen eine längere als 52wöchige
Unterstützung nicht gewähren dürfen, so tritt hier die Invaliditätsversicherung
in glücklicher Weise ergänzend ein. Für die Armenpflege ist diese Thätigkeit
um so bedeutsamer, als gerade in solchen Fällen langandauernder Krankheit
fast stets die Armenfürsorge in Anspruch genommen werden muß.

Die Hauptthätigkeit der Krankenfürsorge entwickelt sich aber auf Grund
des § 12 des Invaliditäts= und Altersversicherungsgesetzes. Hiernach steht den
Versicherungsanstalten die Befugnis zu, für die bei ihnen versicherten Per=
sonen die Krankenfürsorge zu übernehmen, „sofern als Folge der Krankheit
Erwerbsunfähigkeit zu besorgen steht, welche einen Anspruch auf reichsgesetz=
liche Invalidenrente begründet". Diese einschränkende Bedingung ist that=
sächlich von geringer Bedeutung, da fast jede Erkrankung unter Umständen
einen bedrohlichen Verlauf nehmen kann, auch, wie oben erwähnt, schon die
länger als 52 Wochen währende Dauer der Krankheit einen Anspruch auf
Rente begründet. Die Versicherungsanstalten sind also in der Lage, in um=
fassendster Weise sich dieser vorbeugenden Thätigkeit zu widmen. Eine Ein=
wirkung dieser Thätigkeit auf die Armenpflege konnte in den Berichten
der Verbände noch nicht zur Erörterung kommen, da erst in den letzten
Jahren die Entwicklung derselben begonnen hat. Es unterliegt aber keinem
Zweifel, daß durch diese Fürsorge der Versicherungsanstalten die Armenpflege
in bedeutsamer Weise beeinflußt werden wird. Denn es handelt sich hier
um die Durchführung eines energischen Heilverfahrens und die Wiederher=
stellung für solche Personen, welche mit schwereren Leiden, verschleppten
Krankheiten belastet sind, wodurch dieselben gezwungen sind, zunächst regel=
mäßig die Krankenkassen und bei Beendigung der Kassenleistungen die Armen=
pflege in längeren oder kürzeren Zwischenräumen in Anspruch zu nehmen: es
sind die Stammgäste der Kassen und der Armenpflege.

IV. Bestimmte Grundsätze über die Fälle des Zusammentreffens
von Versicherung und Armenpflege scheinen von den Verbänden
in der Regel nicht aufgestellt worden zu sein; meistens hat man die Ent=
scheidung in jedem einzelnen Falle von den begleitenden Umständen abhängig
gemacht. Elberfeld will grundsätzlich die Leistungen der Arbeiterversicherung
voll bei Berechnung des Einkommens der Unterstützungsbedürftigen in An=
rechnung bringen. Berlin hat der Armenkommission in den ersten Jahren
anheimgestellt, die Altersrente nicht in vollem Maße in Anrechnung zu
bringen, „damit der Rentenempfänger von der Wirksamkeit des Gesetzes etwas
vorspürt".

Kenntnis von den Leistungen der Arbeiterversicherung
für die Gemeindeeingesessenen erhalten die Verbände in sicherer Weise nur
bei der Invaliditäts= und Altersversicherung und zwar durch Vermittelung
der unteren Verwaltungsbehörden. Allgemein sind die Klagen über die gänz=
lich mangelnde Kenntnis von den seitens der Unfallversicherung bewilligten
Renten. Viele Verbände haben sich diese Kenntnis durch Vermittelung der=
jenigen Stelle verschafft, welche die Beglaubigung der Unterschrift der Em=
pfänger auf den Rentenquittungen vorzunehmen hat.

In kleinen Verbänden, insbesondere den Landgemeinden sind die Verhältnisse jedes einzelnen Einwohners meist so bekannt, daß den Armenverbänden nur schwer eine Leistung der Arbeiterversicherung entgehen kann (vgl. Hohenmölsen). Manche Versicherungsanstalten veröffentlichen auch die Namen der Rentenempfänger. Die von einem Verbande berichtete Vereinigung des gemeindlichen Versicherungs-Bureaus mit dem Bureau der Armenverwaltung, wodurch die Kenntnis der Leistungen der Versicherungen gewährleistet ist, erscheint vom socialpolitischen Standpunkte aus wenig empfehlenswert.

V. Was die Ursachen der Unterstützungsbedürftigkeit anlangt, so ist das sich aus den Berichten ergebende Bild durchaus kein gleichmäßiges. Bei den kleinen Verbänden, welche in der Lage waren, die genauesten Angaben zu machen, war aus diesen Angaben wegen des sehr geringen Umfanges der Armen-Fürsorge keinerlei Schlußfolgerung zu ziehen. Von den großen Verbänden waren die meisten nicht in der Lage, Angaben zu machen. Inwieweit das gegebene Material auf volle Zuverlässigkeit Anspruch machen darf, mag dahin gestellt bleiben.

Bei vielen Verbänden ist eine zweifellose Einwirkung zu erkennen. So ist z. B. in Cassel die Zahl der Fälle, in denen bei männlichen Personen Krankheit die Ursache war, von 1180 im Jahre 1880 auf 680 im Jahre 1885 gefallen; die Zahlen für Altersschwäche waren bei den männlichen Personen in den 4 Berichtsjahren: 61, 48, 42, 37. Bei den weiblichen Personen ist aus den oben angegebenen Gründen ein derartige Einwirkung meistens nicht festzustellen. In Barmen betrug die Zahl in den vier Berichtsjahren für männliche Personen bei Krankheit: 234, 126, 73, 73. Andererseits geben die Zahlen vieler Verbände gar keinen oder nur einen geringen Anhalt für eine mögliche Einwirkung. Viel spielt hier zweifellos auch der Zufall mit und andere außerhalb der Arbeiterversicherung liegende Einwirkungen. So ist z. B. in Barmen die Zahl der Fälle, in denen Altersschwäche die Ursache war, bei den männlichen Personen von 32 im Jahre 1880 auf 19 im Jahre 1885 zurückgegangen, wobei von einer Einwirkung der Arbeiterversicherung nicht die Rede sein konnte. Mainz schreibt die Minderung der Fälle, in denen Krankheit die Ursache war, von 495 auf 391, dem Einflusse der Arbeiterversicherung zu.

VI. Es bleibt nunmehr zu erörtern, ob und in welcher Weise die Einwirkung der Arbeiterversicherung auf die Armenpflege sich im Budget der Armenpflege geltend macht.

Bereits in meinem ersten Referat habe ich feststellen können, daß bei der Armenverwaltung Berlins, wiewohl hier eine nicht unbedeutende Einwirkung stattgefunden hatte, doch die Ausgaben der Armenpflege absolut gestiegen sind. Dieselbe Erscheinung zeigt sich im allgemeinen in den vorliegenden Berichten der Verbände.

Es liegt auf der Hand, daß man aus den Budgetzahlen allein einen Schluß auf die Einwirkung nicht ziehen kann. Es kann thatsächlich eine große entlastende Einwirkung stattgefunden haben, es können aber anderweitige Belastungen in einer Weise auf die Armenpflege gewirkt haben, daß die entlastende Einwirkung in den Endzahlen gar nicht in die Erscheinung tritt. Daß dies thatsächlich in einem großen Teil der Berichtszeit der Fall gewesen ist, wurde schon oben erörtert; es sind die von den Verbänden angegebenen Gründe aufgezählt worden, welche eine ungewöhnlich starke Belastung der Armenpflege namentlich in diesem Jahrzehnt herbeigeführt haben. Es kann keinem Zweifel unterliegen, daß durch diese besonderen Umstände das Gesamtbild der Einwirkung wesentlich getrübt erscheint, daß auch die Verbände sich vielfach in ihrem eigenen Urteile über die Einwirkung der Arbeiterversicherung hierdurch haben täuschen lassen. Will man die Einwirkung in dem Budget erkennen, so muß man versuchen, die Höhe derjenigen Ausgaben zu ermitteln, welche der Armenpflege durch das Eintreten der Arbeiterversicherung erspart worden sind. Einen sicheren Anhaltepunkt hierfür bilden z. B. die Renten solcher Personen, welche erst infolge der Rentenfestsetzung aus der Armenpflege ganz oder teilweise ausgeschieden sind. Im übrigen bedürfte es zur Ermittelung eines einigermaßen sicheren Resultates der Untersuchung der wirtschaftlichen Verhältnisse aller von der Arbeiterversicherung unterstützten Personen daraufhin, ob dieselben ohne die Leistung der Arbeiterversicherung gezwungen gewesen wären, die Armenpflege in Anspruch zu nehmen. Derartige Untersuchungen wären nur in ganz kleinen Verbänden möglich und so müßte man sich im allgemeinen auf Schätzungen beschränken, wie solche auch vereinzelt angestellt worden sind. So schätzt Karlsruhe die Entlastung auf 19 000 Mk., wiewohl die Ausgaben für die Armenpflege nicht unerheblich gestiegen sind. München schätzt die Entlastung durch die Invaliditäts= und Altersversicherung auf 15—20 000 Mk. jährlich, obgleich auch hier die Gesamtausgaben und insbesondere die Ausgaben für Almosen beträchtlich gestiegen sind. Dessau schätzt die auf die Arbeiterversicherung fallende Ersparnis für das Jahr 1892/93 auf 2661 Mk., für 1890/91 auf 4387, für 1888/89 auf 5067 Mk. Schneeberg schätzt die Entlastung auf 2400 Mk. jährlich, Pritzwalk auf 1200 Mk. Berlin hat durch Beobachtung einer kleinen Zahl Rentenempfänger eine jährliche Entlastung von 8000 Mk. allein bei der Invaliditäts= und Altersversicherung festgestellt. Danzig hat infolge der Festsetzung von Invaliden= und Altersrenten Unterstützungen entzogen, welche betrugen jährlich 1891: 2604 Mk., 1892: 1578, 1893: 1902. In den letzten Fällen handelt es sich nur um die Ersparnis bei solchen Personen, welche bereits von der Armenpflege Unterstützung bezogen. Hierin erschöpft sich aber die Entlastung nicht, es bedarf vielmehr, wie dies Schneeberg sehr richtig gethan hat, einer wenn auch nur schätzungsweisen Berechnung der Ersparnis für solche Rentenempfänger, die zwar mit der Armenpflege noch nicht in Berührung gekommen sind, die aber derselben anheimgefallen wären, wenn nicht die Versicherung eingetreten wäre. Erwägt man nun, daß die Entlastung durch die weit länger wirkende Kranken= und Unfallversicherung sicherlich eine noch größere gewesen ist, so kann es nicht zweifelhaft sein, daß die Armenverbände durch die Arbeiterversicherung selbst dann pekuniär sehr erheblich entlastet worden sind, wenn, durch andere Ursachen veranlaßt, eine Verminderung der Ausgaben nicht eingetreten ist. Doch kann für zahlreiche Verbände auch in den Endzahlen ein relativer Rückgang der Ausgaben festgestellt werden. So sind in Augsburg die Gesamtausgaben pro

7*

Kopf der Bevölkerung von 2,41 Mk. im Jahre 1878 auf 2,74 im Jahre 1884 gestiegen und von da bis auf 2,20 Mk. im Jahre 1893 gefallen; der Anteil der Bevölkerung an den Krankenhauskosten stieg von 1878 bis 1884 auf 41,68 Mk. und fiel im Jahre 1885 auf 28,73 Mk. In Barmen sind die Gesamtausgaben von 3,90 Mk. auf 3,77 bezw. 3,70 in den Jahren 1885 und 1886 gesunken. Hier ist auch ein absoluter Rückgang bei den Ausgaben festzustellen. Elberfeld giebt für die vier Berichtsjahre folgende Zahlen: 4,71, 3,75, 3,72, 4,22 u. s. w. In anderen Verbänden findet nur in einzelnen Zweigen ein beträchtliches Sinken, bei der Mehrzahl der Verbände geben aber, wie erwähnt, die bloßen Zahlen keinerlei Anhalt für die Beurteilung der Einwirkung.

Zu den ungünstigen Einflüssen wirtschaftlicher Natur kommt nun aber noch hinzu: Die unter dem entschiedenen Einflusse der Arbeiterversicherung gesteigerte Intensität der Armenpflege. Am Schlusse meines ersten Referates führte ich aus:

„Die Armenpflege beschränkt sich naturgemäß meistens auf die Gewährung des „Allernotwendigsten"; jede vernünftige Armenpflege, welche es irgendwie mit Rücksicht auf die finanzielle Lage des Gemeinwesens verantworten kann, wird nun gern die Entlastung benutzen, um intensiver wirken zu können. Die Verwaltung bekommt die Arme etwas freier, es stehen ihr dieselben Mittel für eine geringere Anzahl Unterstützungsfälle zu Gebote, sie kann infolge dessen ihre Thätigkeit auf ein höheres Niveau setzen. Diese Bestrebungen werden noch eine kräftige Anregung dadurch erfahren, daß auch die Anforderungen, welche an die Armenpflege gestellt werden, größere werden. Man wird mit der Annahme nicht fehlgehen, daß gerade das gesteigerte Maß von Fürsorge, welches durch die Arbeiterversicherungsgesetzgebung den arbeitenden Klassen zu Theil wird, nicht ohne Einfluß auf die Lebenshaltung der breiten Massen der Bevölkerung bleiben kann und daß dieser Einfluß sich auch bei der Armenpflege fühlbar macht."

Diese Ausführungen erfahren ihre weitere Begründung durch die Berichte zahlreicher Verbände. So führt München die Erhöhung des Almosengeldes ausdrücklich auf die teilweise Entlastung durch die Arbeiterversicherung zurück. Ebenso schreibt Mainz die große Liberalität in der Armenpflege dem Einflusse der socialen Gesetzgebung zu. Colmar hebt hervor, daß die durch die Krankenversicherung erzielten Ersparnisse zur kräftigeren Unterstützung der übrigen Armenpflege verwendet worden sind. Andere Verbände wiederum haben, wie das z. B. ausdrücklich von Bremen, Dortmund und Düsseldorf bemerkt wird, eine Verstärkung der Leistungen nicht eintreten lassen. Wenn aber Berlin die Verstärkung der Leistungen zwar zugiebt, aber den ursächlichen Zusammenhnng mit der Entlastung bestreitet, so mag es durchaus richtig sein, daß hier bei den bezüglichen Beschlüssen der Gemeindebehörden eine ausdrückliche Bezugnahme auf die Entlastung gefehlt hat, auch die Verstärkung nicht in dem Bewußtsein der Entlastung auf der anderen Seite vorgenommen wurde. Trotzdem möchte ich meinen, daß gerade in Berlin der

urſächliche Zuſammenhang wenigſtens inſoweit beſtanden hat, als man ſich
zu der Verſtärkung ſchwerlich entſchloſſen hätte, wenn der Armenetat das
Bild der Belaſtung geboten hätte, das er ohne die Einwirkung der
Arbeiterverſicherung hätte haben müſſen. Dazu kommt der Einfluß der Arbeiterverſicherung auf die Anforderungen an
die Armenpflege. Es iſt bereits oben erwähnt worden, wie die durch
die Krankenverſicherung der arbeitenden Bevölkerung zu teil werdende geordnete Krankenpflege zunächſt auch bei den nichtverſicherten Familienmit-
gliedern das Bedürfnis nach der gleichen Wohlthat wachgerufen und damit
die Armenpflege zu einer erhöhten Thätigkeit veranlaßt hat. Diejenigen
Perſonen, welche die Wohlthaten der Verſicherung einmal genoſſen haben,
werden, wenn ſie durch irgend welche Umſtände aus der Verſicherung ausſcheiden
und unterſtützungsbedürftig werden, größere Anforderungen an die Armenpflege ſtellen; ſie ſind an ein rechzeitiges Eingreifen, an eine geordnete Durchführung der Krankenpflege gewöhnt und werden in vielen Fällen die Armenpflege in Anſpruch nehmen, in denen ſie es früher noch nicht gethan hätten.
Treffend illuſtrieren dieſen Einfluß auch diejenigen von den Verbänden be-
ſonders hervorgehobenen Fälle, in denen Krankenhauspflege vom Armenverbande fortgewährt werden muß, nachdem die Kaſſenleiſtung beendet iſt.
Auch die Größe der Almoſen wird durch die jetzige Höhe des Krankengeldes
und der Renten beeinflußt. Daß bei den nahen Berührungspunkten, welche
die verſicherungspflichtige Arbeiterbevölkerung insbeſondere auch räumlich durch
das Zuſammenwohnen in denſelben Stadtvierteln, in Mietskaſernen mit den
unbemittelten nicht verſicherungspflichtigen Teilen der Bevölkerung hat, der Einfluß über die eigene Perſon und die eigene Familie hinaus ein allgemeiner
wird, erſcheint einleuchtend. Zwei kleinere Verbände, Schöppenſtedt und Hilbers-
dorf, charakteriſieren dieſen Einfluß in dem Vorwurfe, daß durch die Arbeiter-
verſicherungsgeſetze die Begehrlichkeit der betr. Kreiſe und infolge deſſen „der
Druck auf die Armenverwaltungen überhaupt und auch mehr zu gewähren", ge-
wachſen iſt. So weit die an die Armenpflege geſtellten erhöhten Anforderungen
übertrieben und ungerechtfertigt ſind, wird man dieſelben zurückweiſen, ſind ſie aber
gerechtfertigt, ſo wird man ſie erfüllen. Und hierbei iſt der ſocialpolitiſche
Einfluß, welchen die Arbeiterverſicherungsgeſetzgebung auf die Organe der
Armenpflege ſelbſt ausübt, von Bedeutung. Treffend beweiſt dieſen
Einfluß Wiesbaden in folgender Bemerkung: „Das lebhafter gewordene
Pflichtgefühl gegenüber den unbemittelten Klaſſen, welches zum Erlaß der
ſocialpolitiſchen Geſetze führte, macht ſich unzweifelhaft auch bei einem Teil
der Träger der hieſigen Armenpflege geltend und findet ſeinen Ausdruck in
der auskömmlicheren Bemeſſung mancher Unterſtützungen." Fürwahr,
durch dieſen Einfluß auf die Entwicklung der geſamten
Armenpflege, auf die Lebenshaltung der breiten Maſſen der
Bevölkerung, erhält unſere Socialgeſetzgebung eine unge-
ahnte kulturelle Bedeutung. Deutſchland iſt auf dem Wege,
mit Hilfe dieſer Geſetzgebung in kurzer Zeit einen Kultur-
fortſchritt zu machen, wie er in der Weltgeſchichte wohl
einzig daſteht.

Ich beantrage:

Die fünfzehnte Jahresversammlung des Deutschen Vereins für Armen=
pflege und Wohlthätigkeit wolle beschließen:

1. Der Deutsche Verein für Armenpflege und Wohlthätigkeit erachtet es
   für dringend erforderlich, daß die deutschen Armenverbände fortlaufend
   die Einwirkungen der Arbeiterversicherungsgesetze auf die öffentliche
   Armenpflege sorgfältigst nach Maßgabe der in dem Rundschreiben des
   Vereins vom Juni 1893 nebst Anlagen hervorgehobenen Gesichts=
   punkte beobachten und die Resultate dieser Beobachtungen alljährlich
   zusammenstellen.

2. Der Vorstand des Vereins wird aufgefordert, ein entsprechendes Er=
   suchen an die deutschen Armenverbände zu richten.

Pierer'sche Hofbuchdruckerei. Stephan Geibel & Co. in Altenburg.

MIX
Papier aus verantwortungsvollen Quellen
Paper from responsible sources
FSC® C105338

Printed by Libri Plureos GmbH
in Hamburg, Germany